岡田メソッド | 自立する選手、自律する組織をつくる
| 16歳までのサッカー指導体系

はじめに

　それは2014年のこと。すべての始まりは、FCバルセロナでメソッド部長をしていたジョアン・ビラの次の言葉でした。

　「スペインには、プレーモデルという、サッカーの型のようなものがある。その型を、選手が16歳になるまでに身につけさせる。その後は、選手を自由にさせるんだ。日本には、型がないのか？」

自立した選手を、どう育てるか

　1993年にJリーグができたとき、たくさんの外国人指導者が日本に来ました。そして彼らが発する疑問を何度となく耳にしました。

　「日本の選手は、こういうときは、どうプレーすればいいかと、なぜ聞いてくるんだ？　それを自分で考えるのがサッカーだろ！」

　それまで、私たち日本の指導者は、「ここでボールを持ったら、あそこに蹴れ」とハウツーを教えてきました。
　その後、実績のある外国人監督たちの話を聞き、我々は方向転換しました。サッカーは、試合中に監督がサインを出せない。作戦タイムをとれない。攻守が瞬時に変わるなかで、選手が自分で判断しなくてはならない。だから、ハウツーを教えて型に嵌めてはいけない。子どものときは、教えすぎず、自由を与えて、自分で判断させよう。そして、高校生（16歳）ぐらいから、チーム戦術を教えるようになりました。
　ところが、ジョアンが言うには、スペインには型があり、それを

16歳までに教えて、その後は自由にするという。まったく逆じゃないか！

　一方で私自身、コンサドーレ札幌や横浜Ｆ・マリノスというクラブの監督をやるなかで、結果を残すことに関しては、方法論がある程度見えてきました。誤解を恐れずに言えば、確率論で考えるのです。そうすれば、ある程度、結果は出るのです。

　サッカーの攻撃は、相手のゴールに対して最短距離である中央を攻めるのが一番です。しかし、相手も一番怖いと思っている中央は、守備を固めてくる。相手選手のレベルにもよりますが、中央を攻めるとミスをして、カウンターを受ける確率が高くなります。

　一方、今のサッカーの得点の30〜40％がセットプレーがらみで、残りの60〜70％のうち、後ろからパスをつないでビルドアップしてからの得点は、せいぜい15〜20％と言われています。残りはカウンターアタックなので、それを防げば失点は劇的に減ります。

　そこで私は、中央ではなくサイドから攻めろと選手に言っていました。とはいえ、選手はリスクにチャレンジする面白さもあり、中央を攻めたがるものです。
　中盤でボールを受けた選手が中央を攻めようとすると、私がベンチから「外へ出せ！」と叫ぶ。選手は内心「うるさいな！」と思いつつも外へ出す。そうすると勝つのです。

　結果が出るようになると、選手たちも、空いていたら一番に攻めなくてはいけない中央を見ることなく、サイドにパスを出すようになりました。

　そんな彼らのプレーを見て、私はかなり悩んでしまいました。結果は出しているが、自分は本当に選手を育てているのか？　チームを育てているのか？　これで勝ちつづけるチームになっているの

か？　どうすれば、自立した選手の集まった、自律した組織になるのだろうか？

　その後、サッカー以外のさまざまな勉強をしたり、チーム作りにおいても、新しい挑戦をはじめました。たとえば、試合後の反省ビデオを「××すべき」から、「いいね」ビデオに変えたりしました。

　トレーニングの組み立ても変えてみました。通常のトレーニングでは、まず単純な要素を練習し、次に複雑な練習をするという流れになります。それをひっくり返して、最初に複雑な練習をさせるのです。
　そうすると、選手の頭の上に「はてな」マークが浮かびます。その後、単純な要素の練習をさせると、「あっ、監督は、このことを言いたかったのか」と気づくようになりました。この「気づき」は、教えられるよりも選手の頭の中に強く残ります。そして気づいた選手は自ら「監督は、こんなことも考えているのかもしれない」と先を考えるようになります。
　それに対して、教えられるのをただ待っている選手は、次は何を教えてくれるんだろうかと待っているだけです。この差は歴然としていました。

　監督として、こうした小さな答えは見つかりましたが、これだという本質的な答えは、まだ見えませんでした。何か根本的な解決を手に入れるための秘密の鍵があるのではないかと、探し求めていたのです。

「その答えが、ここにあるかもしれない」
　冒頭で紹介したジョアンの話を聞いたとき、そう直感しました。
　そして、こんなふうに思いはじめたのです。

　Ｊリーグができたとき、外国人指導者たちが言っていた「自分で考える」という自由は、「プレーモデル」という型を身につけたう

えでの自由だったのではないか。にもかかわらず、私たちは表面だけを真似してしまったのではないだろうか？　だから、日本人は言われたことはきちんとやるが、「自分で判断できない」「驚くような発想が出てこない」と今でも言われるのかもしれない。

長続きしないブラックパワー

　ジーコ監督時代の日本代表が、2006年のワールドカップ（W杯）直前にドイツ代表と親善試合をしました。ドイツ代表は、2006年のW杯で3位になった強豪です。親善試合で日本は引き分けましたが、勝ちゲームで、本当にいいチームで強かった。
　ところが、本大会では初戦のオーストラリアに逆転負けをすると、ガタガタと予選リーグで敗退。ザッケローニが監督を務めた2014年のW杯も、いいチームでしたが、初戦で逆転負けをしたら力を出せず、予選リーグで敗退。力がないわけではないのに、勝てないのです。それは、やはり選手が自立していないからではないでしょうか？

　アウェーのW杯でベスト16に入ったのは、私が監督をした南アフリカ大会（2010年）と、西野朗さんが監督をされたロシア大会（2018年）です。この両チームが、ジーコやザッケローニが監督だった時代と比べて、とりわけ強かったわけではありません。

　両チームとも大会前にさんざん叩かれ、最後に選手たちが「このやろう！」と開き直って主体的にプレーを始めたのが、よい結果につながったのです。私はこれを「ブラックパワー」と呼んでいます。ブラックパワーには潜在的な力を発揮させる強烈なエネルギーがありますが、残念ながら長続きはしません。

　近年問題となっているスポーツ界のパワハラも、日頃からコーチに言われたことを無自覚にやるだけで、主体的にプレーをしていないから、皮肉にもパワハラを受けたほうが成績が伸びる、という一

面があるのかもしれません。

　必要なのは、ブラックパワーで力を発揮する選手ではなく、つねに主体的にプレーする、自立した選手です。そして、自立した選手たちが力を発揮できる環境のチームを作らなければならないと私は考えています。

　日本人を見ていると、自分の人生は自分で選べるにもかかわらず、周りや環境のせいにして選ぼうとしないと感じるときがあります。ひょっとすると日本人は、もともと自分の人生を主体的に生きることが苦手なのかもしれません。それでも、私は心に決めました。

「サッカーの世界で、それを変えられないだろうか？
　主体的にプレーする、自立した選手を育てられないだろうか？」

今治で始めた挑戦

「日本人が世界で勝つための〈プレーモデル〉を作り、16歳までにそれを落とし込んで、あとは自由にするチームを作ってみたい」

　2014年、私は愛媛県の今治市にあるFC今治のオーナーになりました。そして、自立した選手と自律したチームを作るために、1つの「型」を選手に浸透させる方法論を「岡田メソッド」としてまとめました。

　これはあくまで私のチャレンジであり、このやり方が本当に正しいのかどうかは、まだわかりません。本当の意味での答えは10年後に出るでしょう。しかし、試行錯誤をしながら4年かけてプレーモデルを作ってきたなかで、確かな手応えを感じています。

　私が今治に来た当時は、育成チームのレベルは決して高いとは言えませんでした。ところが4年経ってジュニアユースのU13、U15

両チームともに、四国リーグへの参入を果たしました。
　また、2019年に作ったユースチームU18は、県外からの選手をとらなくても、今治の選手だけで、四国プリンスリーグまでは絶対に行けると、コーチたちが自信を持って話すようになりました。
　さらに、噂を聞きつけて、日本全国から今治に勉強に来るコーチも増えています。「岡田メソッド」で提携したいというクラブが、国内でも現れだしました。

　日本の武道には「守破離」という言葉があります。初心者は師匠の教えを「守り」、熟練していくにしたがって教えを「破り」、最後は師匠から「離れ」ていく。
　「守破離」などと言うと封建的で古臭いと思われるかもしれませんが、奥が深く、とても大切なことで、指導の真髄かもしれないと私は考えています。

　岡田メソッドにおける「守」は、プレーモデルの原則を、知識として体得する。「破」は、その原則を、実際のプレーの中で自ら選択して実行する。「離」は、原則は潜在意識に入っていながらも、頭が完全にフリーな状態で、直感的に生き生きとプレーする、ということです。

　これまで日本のサッカーは、原則となる「守」が明確に規定されていないにもかかわらず、状況に応じた「守」ばかりが強調され、「破」と「離」が重要視されてこなかったのではないでしょうか。
　16歳までに「守」から「破」への道筋をつけて、その後「離」で飛び立たせる。そんなイメージを持っています。

　もちろん、プレーモデルだけで優れた選手が育ち、いいチームができるわけではありません。テクニック、フィジカルなどの要素も絡みあって、はじめてプレーモデルも生きてくるのです。

　テクニックやフィジカルが1つ1つの「点」だとしたら、プレーモデルはその「点」をつなぎ、それらの能力を最大限に発揮させる

「線」のようなものです。それぞれの「点」を「線」でつなぐことによって、形ができてきます。

プレーモデルを作っているなかで、気がついたことがあります。それは、原則を作ることによって、コーチの頭が整理され、今まで経験でしか会得できないと思われていたサッカーの「観る目」が養われることです。

これまでは、「状況」での指導ばかりで、選手に対して、「どんなときに、どうプレーすることがいいのか」をうまく伝えられなかった。それが、「原則」での指導によって、簡単に意図が伝えられることがわかってきました。

つまり、プレーモデルの構築によって、指導者の成長を劇的に早めることができると思えるようになったのです。

もちろん、指導者自身にも「守破離」が求められるので、彼らにメソッドを強要することは決してありません。最初はメソッドを「守り」ながらやってみて、最終的には、それを超える指導者へと成長していけばいいのです。

「議論の叩き台」としての岡田メソッド

本書は、プレーモデルを中心として、自立した選手と自律したチームを作る、サッカーの育成体系をまとめたものです。それが「岡田メソッド」です。詳しくは本文で紹介しますが、岡田メソッドは、プレーモデル以外にも、コーチング、ゲーム分析やトレーニング計画などの要素で構成されています。

また、聞き慣れない言葉や固有名詞が出てくると思いますが、奇をてらっているわけではありません。メソッドを作っている議論の中で、たとえば「クサビ」という言葉ひとつとっても、1人ひとりのイメージが異なっていることがわかりました。それなら、新しい言葉を作り、それを定義し、共有しようということになりました。

本書に登場する専門的な言葉は、付録の用語集でも解説しています。読み進めながら、言葉の意味がわからなくなったら、ぜひ用語集を使ってください。

　私たちの挑戦は、まだ始まったばかりです。これからは、次の指導者たちが、さらにこのメソッドをブラッシュアップしていってくれることでしょう。まずは、その最初の叩き台となるものを、本書で紹介したいと思います。

　プレーモデルが確立されれば、日本のサッカーがワールドカップで優勝を争う日が来ると、私は本気で信じています。そのためにも、本書をもとに、指導者たちの間で議論が生まれることを何より願っています。

OKADA METHOD

岡田メソッド

目次

はじめに *3*

    自立した選手を、どう育てるか　*3*

    長続きしないブラックパワー　*6*

    今治で始めた挑戦　*7*

    「議論の叩き台」としての岡田メソッド　*9*

第1章　岡田メソッドとは　*20*

1　サッカースタイル　*22*

2　プレーモデル　*26*

3　テクニックとプレーパターン　*27*

4　年代別トレーニングエクササイズ集　*32*

5　ゲーム分析とトレーニング計画　*33*

6　コーチング　*34*

7　ヒューマンルーツプログラム　*34*

8　フィジカル　*35*

9　コンディショニング　*35*

10　チームマネジメント　*36*

第2章　プレーモデルの意義と全体像　*39*

1　プレーモデルの定義　*39*

2　なぜプレーモデルが必要か　*40*

3　プレーモデルの全体像　*42*

    ● コラム1　今なら、前よりもっといい指導ができる？　*44*

第3章　共通原則 ── サッカーの目的と仕組み　*46*

- コラム2　勝つことと、育てること　*47*

1　サッカーの4つの局面と、プレーの目的　*48*

- 1　攻撃の局面　*49*
  ── 自チームがボールを保持しているとき
- 2　攻撃から守備への局面　*50*
  ── ボールを相手に奪われたとき
- 3　守備の局面　*51*
  ── 相手チームがボールを保持しているとき
- 4　守備から攻撃への局面　*52*
  ── 相手チームからボールを奪ったとき

2　ピッチの捉え方：3ゾーン／5レーン　*53*

- 1　3ゾーン　*53*
- 2　5レーン　*55*

3　攻撃と守備の4つの段階　*56*

- 1　攻撃の4つの段階　*58*
- 2　守備の4つの段階　*60*

第4章　一般原則 ── チームプレーの基本　*64*

1　攻撃の一般原則　*66*

- 1　攻撃の優先順位の原則　*67*
  ── 攻撃の目的から逆算したプレーをする
- 2　ポジショニングの原則　*68*
  ── スペースを作り、選手間の適切な距離を保ち、位置的優位性を作る

- コラム3　選手が変化に対応できるための型　*76*

- 3 モビリティの原則 　77
  - ── 相手のバランスを崩して、スペースと数的優位を作り出す
- 4 ボールの循環の原則 　82
  - ── 効果的にボールを動かす
- 5 個の優位性の原則 　87
  - ── 相手に対して優位性のある選手を使う

2　守備の一般原則 　89

- 1 守備の優先順位の原則 　90
  - ── 守備の目的から逆算したプレーをする
- 2 ポジショニングの原則 　92
  - ── スペースを消し、選手間の適切な距離を保ち、位置的優位を作る
- 3 バランスの原則 　98
  - ── 適切なポジションを保ちつづけ、スペースを与えない。または、マークを自由にさせない
- 4 プレッシングの原則 　100
  - ── 相手に規制をかけ、数的優位を作り、ボールを奪う
- 5 個の優位性の原則 　106
  - ── 相手に対して優位性のある選手で抑える

第5章　個人とグループの原則 ── 個人のプレーの基本　108

1　攻撃の個人とグループの原則 　110

- 1 認知（観る）の原則 　111
  - ── 状況を観察して、分析のための情報を収集する

● コラム4　小さな選手でも活躍できる理由　113

- 2 パスと動きの優先順位の原則 　114
  - ── ゴールを奪うことから逆算したプレーをする
- 3 ポジショニングの原則 　118
  - ── グループでも有利にプレーできる位置をとる
- 4 サポートの原則 　120
  - ── 直接ボールに関与できる選手が、味方を助け、パスを受ける

5 パッサーとレシーバーの原則　*123*
　　　—— パッサーとレシーバーの意図を合わせる

　●コラム 5　サポートは、「何番のサポートか」を叫びながら行う　*123*

6 マークを外す動きの原則　*131*
　　　—— 自分のマークを外して、フリーでボールを受ける

7 ドリブルの原則　*136*
　　　—— 自らボールを運び、局面を有利にする

　●コラム 6　久保建英選手のドリブル　*139*

8 シュートの原則　*140*
　　　—— チャンスを逃さずにシュートを打ち、決める

　●コラム 7　Ｊリーグ得点王のシュート　*141*

9 インテリジェンスの原則　*142*
　　　—— プレーの意図をもって、プレーの意図を隠す工夫をする

2　守備の個人とグループの原則　*145*

1 認知（観る）の原則　*146*
　　　—— 状況を観察して、分析のための情報を収集する

2 パスコースを消す優先順位の原則　*148*
　　　—— ゴールを守り、ボールを奪うことから逆算してプレーする

3 マークの原則　*150*
　　　—— 個人でも、相手より有利にプレーできる位置をとる

　●コラム 8　今野泰幸選手との出会い　*156*

4 アプローチの原則　*157*
　　　—— ボール保持者にプレスをかけ、ボールを奪うチャンスを作りだす

　●コラム 9　中澤佑二選手の守備　*160*

5 １対１の対応の原則　*161*
　　　—— ボール保持者の自由を奪い、制限を加える

6 チャレンジ＆カバーの原則　*164*
　　　—— チャレンジとカバーリングを繰り返しながら、守備を安定させる

7 インテリジェンスの原則　*167*
　　　—— プレーの意図を持って、プレーの意図を隠す工夫をする

第6章　専門原則 —— 戦術的要素を含んだチーム独自の約束事　*171*

1　攻撃の専門原則　*172*

- 1　相手の Hi & Middle エリアプレスに対するキャスティング　*173*
- 2　相手の Hi & Middle エリアプレスに対するウェービング & ガス　*173*
- 3　相手の Low エリアプレスに対するウェービング & ガス　*173*

2　守備の専門原則　*178*

- 1　ゾーンディフェンスの方法　*178*
- 2　マッチアップディフェンスの方法　*178*
- 3　クロスからの攻撃に対する守備の方法　*179*
- 4　カウンターアタックに対する守備の方法　*180*
  - ●コラム 10　専門原則をどう作るか　*181*

第7章　ゲーム分析とトレーニング計画　*185*

1　ゲーム分析　*186*

- ●コラム 11　過去のノートを見るな　*187*
- 1　ゲームの中から、成果や問題を特定する　*188*
- 2　成果の要因や、問題の原因を明確化する　*190*
- 3　情報を整理して、成果と要因／問題と原因を関連づける　*192*
- 4　ゲーム分析から、プレーの分析　*194*
- 5　ゲーム分析のフレームワーク　*196*

2　トレーニング計画（プランニング）　*203*

- 1　長期的なトレーニング計画（9〜16歳まで）　*205*
- 2　年間のトレーニング計画　*216*
- 3　週間のトレーニング計画　*218*
- 4　トレーニングセッションの作成方法　*220*
- 5　エクササイズ（メニュー）の作成　*232*

第8章　コーチング　*255*

1. 原則から導く　*257*
2. コーチのプロミス　*258*
3. リーダーとは　*260*
4. コーチングのコツ　*263*

第9章　チームマネジメント　*270*

1　モラルづくり　*271*
  1. プロフェッショナリズム　*272*
  2. 「勝負の神様は、細部に宿る」　*273*

2　フィロソフィー　*276*
  1. Enjoy！　サッカーを始めたときの楽しさを、忘れないで！　*276*
  2. Our Team！　チームは監督のものではなく、選手１人ひとりのもの！　*278*
  3. Do Your Best！　チームが勝つために、全力を尽くそう！　*279*
  4. Concentration！　今できることに集中しよう！　*280*
  5. Improve！　現状に満足せず、つねに進歩する気持ちを持ちつづけよう！　*281*
  6. Communication！　コミュニケーションをとり、お互いを理解しよう！　*281*

3　目標設定　*283*

おわりに　*286*

　　私の人生設計を壊した出会い　*286*
　　今治モデル　*288*
　　４年かかったメソッドづくり　*290*
　　我々は未来に何を残すのか　*292*

―― 凡例 ――

- ○ 味方
- ● 相手
- ⚽ ボール
- → 味方のボールの動き
- ⇢ 味方の動き
- ⇝ 味方のドリブル
- → 相手のボールの動き
- ⇢ 相手の動き
- ⇝ 相手のドリブル

付録用語集は、以下サイトからダウンロードできます。
http://www.eijipress.co.jp/

chapter 1 岡田メソッドとは

プレーモデルの意義と全体像	2
共通原則	3
一般原則	4
個人とグループの原則	5
専門原則	6
ゲーム分析とトレーニング計画	7
コーチング	8
チームマネジメント	9

第1章
岡田メソッドとは

　岡田メソッドとは、主体的にプレーできる自立した選手と自律したチームを育てることを目的とした、サッカー指導の方法論の体系です。

　まずは16歳ぐらいまでに、サッカーのプレーの原則である「プレーモデル」を浸透させることが重要です。

　この「プレーモデル」は、FC今治のビジョンである「日本人が世界で勝つための〈サッカースタイル〉を実現する」ための原則です。つまり、サッカースタイルによって、プレーモデルも変わってくるのです。

　「プレーモデル」に基づいて有効にプレーするための「テクニックとプレーパターン」があり、それを習得するための「年代別トレーニングエクササイズ集」があります。

　さらに、それらを効果的に指導するための「ゲーム分析とトレーニング計画」「コーチング」「ヒューマンルーツプログラム」「フィジカル」「コンディショニング」「チームマネジメント」があり、それらすべてを含んで「岡田メソッド」と呼んでいます。

　メソッドの全体像と、本書の構成をまとめたものが図1-1です。
　それでは、1つ1つ詳しく見ていきましょう。

図1-1 ▶岡田メソッドの全体像と本書の構成

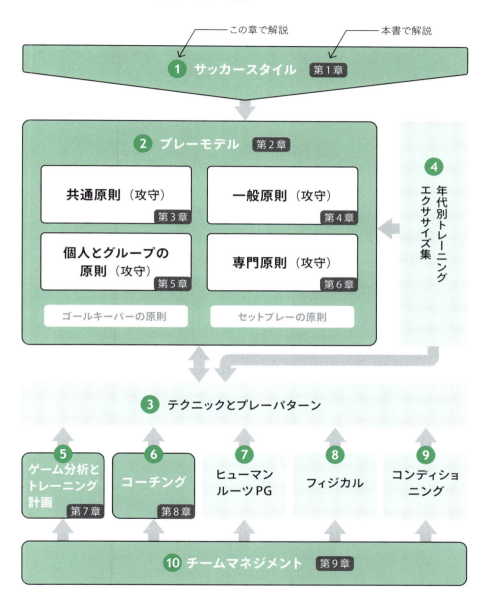

1 サッカースタイル　　第1章

　サッカースタイルとは、個々の戦術を超えて、全体としてどのようなプレーを目指すかを形成するイメージのことです。たとえば、かつてのイングランドの「キック＆ラッシュ」や、イタリアの「カテナチオ」を指します。

　では、日本人が世界で勝つためのサッカースタイルとは、いかなるものか？

　日本のサッカー界では、「個」では勝てないから「組織」で勝つという言葉をよく耳にします。それはそれで間違ってはいないと思いますし、実はかつて私も、そのように言っていました。
　ところがある日、体操競技の先生から「サッカーの人はすぐそう言いますけど、体操競技は〈個〉で何度も世界一になっていますよ」と言われました。
　正直、私は少しムッとしましたが、確かに「個」を諦めて「組織」「組織」と偏り過ぎているのではと思い直すようになりました。
　個を捨てず、まずは個の能力を引き上げ、あとは日本人得意の組織力をもってすれば世界に勝てるだろう。個の能力として、テクニック、フィジカルの向上、判断力の源となるメソッド「個人とグループの原則」の理解を深めることが大切になります。
　こうした個のレベルによって、サッカースタイルも変わってきます。逆に言うと、サッカースタイルを実現するために、必要とされる個のレベルがあるということです。
　ドイツでは「ツバイカンプフ」と言って、「1対1」がサッカーの一番大切な要素だと言われています。「1対1」ですべて負けたら、どんなメソッドや戦術があっても勝てません。

　我々の目指すサッカースタイルは、「個」を最大限に尊重しつつ「組織的」に戦うものです。では一概に「組織的」と言いますが、そもそも組織的とは一体どういうことを言うのでしょうか？　我々が考える「組織的」とは、次の4つの優位性を確保することです。

1　位置的優位性
2　数的優位性
3　タイミングの優位性
4　共有心理による優位性

では、詳しく見ていきましょう。

1　位置的優位性

　位置どり（ポジショニング）で、相手を攻守で機能させなくする。
　攻撃では、パスを受けることができ、なおかつ相手が守備をしづらい、ぎりぎりのポジションをとるなど。
　守備では、オフサイドラインを利用して裏のスペースを消して、よりインターセプトしやすいポジションに入るなど。

2　数的優位性

　攻守にわたり、局面で数的有利を作り出し、イニシアチブをとる。
　攻撃では、原則に則って全体の幅と深さを保ちながらも、局面では数的有利を作り出すなど。
　守備では、相手の攻撃方向を限定することにより、局面で数的有利を作ってボールを奪うなど。

3　タイミングの優位性

　味方同士のタイミングを合わせることで、優位性を作り出す。
　攻撃では、パスの出し手と受け手のタイミングを合わせることで、相手がいいポジションにいても、一瞬の動きで突破するなど。
　守備では、ファーストディフェンダーのプレスのタイミングに合わせて、全体でのプレッシングでボールを奪うなど。

4　共有心理による優位性

　メソッドの共通理解により、攻守にわたって自分たちがイニシアティブをとっているという自信やプライドが、不安や恐れをなくし、心理的な優位性を生み出す。また自チームの一体感などが相手に恐れや不安をもたらし、プライドをくじいたりする。

　プレーモデルの共通理解により、味方の次のプレーが予測でき、自分が何をすべきかも判断できるので、スムーズなコンビネーションが可能になる。

　これらの優位性を築くための考え方は、具体的には、次の「プログレッション」と「プロアクティブ」で構成されます。

① 攻撃：プログレッション

　攻撃のスタイルを一言で表現すれば「プログレッション（Progression）」、すなわち「前進」です。単にボールを保持するだけでは、得点することはできません。しかし、ボールを保持することは大切です。なぜなら、サッカーは、ボールを持っているチームが攻撃することができ、主導権を握れるからです。

　ボールを保持したうえで、ゴールへ向かって前進し、数多くの得点チャンスを生み出すことを目指しています。なによりもボールを持っているほうが主体的で楽しくサッカーができ、相手チームはボールを奪いにいってかわされつづけるとプライドがくじかれ、体力が奪われていきます。

　そのために、正確なテクニックをベースとし、正しい判断や個人の特徴をチームの中に生かしたいと考えています。そして、ボールを運んで前進する局面、ゴール前で相手を崩す局面ではどのようにプレーするかを、以下のように表しています。

- ボールを保持することで主導権を持ちつづけ、より多くのゴール機会を創り出す。
- 正確な技術をベースとして「観る」ことにより、正しい選択、

「タイミングの優位性」をもってプレーし、個の能力、インテリジェンス、アイデアをチームプレーの中で生かす。

- 自陣から相手ゴールへ向かってボールを運ぶ局面においては、ファーストポジション（最初に決められたポジション）の役割（基点、動点）に沿って、「位置的優位性」や、局面での「数的優位性」を作り、相手陣に進む。

- ゴール前を崩す局面では、主体的に仕かけ、相手の守備組織のバランスを崩す。個の優位性を生かして積極的に突破を狙いつつ、ユニットを組んで動き、突破する。また、「タイミングの優位性」をもって、パッサーとレシーバーがタイミングを合わせ、マークを外す。フィニッシュの局面では、相手GKと2対1の状況をつくることを理想とする。

② 守備：プロアクティブ

　守備でも、主体的に相手に規制をかけ、ボールを奪いたいと考えています。そのため、「プロアクティブ（Proactive）」という言葉で、守備のスタイルを表しています。

　まず、ボールを奪われたら、素早くボールを奪い返すことを目指します。なぜなら、守備の時間はできるかぎり短くして、攻撃する時間を長くしたいからです。

　しかし、すぐに奪い返すことができない場合もあります。そのときは、相手の攻撃が縦に進めないようにして、横にプレーをさせ、ファーストポジションをとって、守備組織を構築します。ボール保持者にアプローチし、チャンスを逃さず、チーム全体でスイッチを入れ、ボールサイドに数的優位を作ってボールを奪い、攻撃につなげます。

　ボールを奪いきれずに、ゴール前で守備をせざるをえなくなった場合は、身体を張って粘り強く守り、シュートチャンスを与えないようにします。そして、相手を押し戻し、再び自分たちが主体的にボールを奪いにいく状況を作ります。まとめると以下のようになります。

- ボールを失ったら、アグレッシブに組織的に、素早くボールを

奪いにいく。

- 取り返せなかったときは、縦に進ませないようにしながら横にプレーさせ、ボール保持者の状況、味方、相手のポジションを「観て」、正しいファーストポジションをとり、「位置的優位性」を作り出して組織的に戦う。

- ボール保持者に対して、つねにアプローチをかけ、相手の技術を発揮させないようにし、また、顔を上げて周りを見る余裕を与えないようにする。

- ボールを奪えるチャンスを逃さず、「タイミングの優位性」をもって、全体として積極的にボールを奪いにいく。1対1の局面の闘いでは、個の優位性で負けないようにする。さらに、ボールサイドに「数的優位性」を作って、奪いきる。

- ゴール前では、身体を張り、粘り強く守って、相手にシュートチャンスを与えず、相手を押し戻す。

❷ プレーモデル 〔第2〜6章〕

　最近「プレーモデル」という言葉をよく耳にしますが、それぞれが異なる意味で使っているように感じます。どれか1つが正しいわけではありませんが、我々の「プレーモデル」とは、サッカーのプレーの原則を体系化したもののことです。

　岡田メソッドのプレーモデルは、「共通原則」「一般原則」「専門原則」「個人とグループの原則」などから構成されており、岡田メソッドの中心的な存在です。本書でも第2章から6章まで使って説明していきます。

③ テクニックとプレーパターン

　サッカースタイルから導かれたプレーモデルを支えるのが、「テクニックとプレーパターン」です。
　テクニックとは、「止める・蹴る、運ぶ」に始まる基本的な技術のことです。
　プレーモデルの中の「個人とグループの原則」で後述しますが、サッカーのプレーは「判断」「テクニック」「インテリジェンス」「リレーション（関係性）」で成り立っています（図1-2）。そのなかでもテクニックは、なくてはならない要素です。これは、子どものころから反復練習をすることで会得できるものです。
　特にボールフィーリングなどは、神経系が発達するゴールデンエイジ（5～12歳）のころが最も獲得しやすいと言われています。

図1-2 ▶ プレーを構成する4つの要素

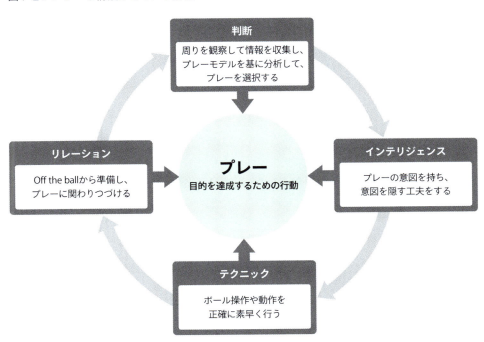

このトレーニングに関しては、岡田メソッド固有のものがあるわけではありません。一部、脳トレを取り入れたテクニックトレーニングがあるだけなので、本書でも特別に章を設けていません。

サッカーに必要なテクニックは、通常のトレーニングや遊びでも十分獲得できます。

ただ、岡田メソッドでは、テクニックを分類して体系的に整理しています。そうすることにより、必要なテクニックの全体像がわかり、テクニックの関連性も明確になるので、習得しやすくなると考えています。

日本人は器用なこともあり、テクニックのなかでも、ドリブルやフェイントを重視する傾向があります。それらはとても大切な技術ですが、我々は「正確に止めて、蹴る」ことが最も重要だと考えています。

もちろん、ボールをうまく蹴ることができない幼少期には、ボールに多く触れることのほうが重要です。

キックに関しては、特に日本人は25メートルを超えるパスの精度が極端に低いと感じています。どれほど見事なドリブルやフェイントをしても、その後は必ずキックです。マラドーナもクライフもメッシも、世界の名選手に共通しているのは、思ったところに思った球種のボールを蹴ることができる、ということです。

そして、そのテクニックを使ったプレーパターンが、いくつかあります。プレーパターンとは、目指すサッカースタイルにおいて使用頻度の高いテクニックの組み合わせのことです。たとえば、パスアンドゴーや壁パスなどがありますが、岡田メソッドでは、いくつかのプレーパターンを重要視しています。

プレーモデルに基づいてプレーするなかで、これらのパターンをうまく使うことで、岡田メソッドが目指すサッカースタイルが、より具現化されると考えています。

ここでは、5つのプレーパターンを紹介しましょう。

① デカラ

　デカラとは、ゴールを背にしてパスを受けたとき、より体勢のいい、前を向いている味方にパスを出すことです（図1-3）。前を向けない状況でも意図的にパスを受けに入り、相手を引き付けたりすることもあります。また、自分を越えてパスを出させて、素早くサポートに入り、デカラでパスを受けることで、相手のプレッシャーから抜け出ることができます。

図1-3 ▶ デカラ

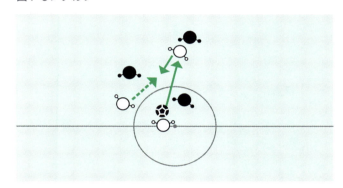

② ブラッシング

　パスを出した選手が、パスを出した方向に動いてリターンパスを受ける、一連のパス交換のことを「ブラッシング」と言います（図1-4）。

　相手のプレッシャーをかわして局面を変えるときや、攻撃のテンポを上げるとき、狭いスペースに押し込まれたところを脱するときなどに効果的なプレーパターンです。

図1-4 ▶ ブラッシング

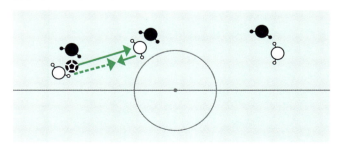

③シャンク

センターレーンにいる相手DFラインの前に入れる縦パスのことを「シャンクパス」と言います。

攻撃のスイッチを入れ、突破に向かうことを意図して使われるプレーパターンです。シャンクとは「錨(いかり)」の軸の部分の名称で、相手守備の要の部分にくさびを打ち込むことをイメージして、シャンクという言葉を使っています。

図1-5 ▶ シャンク

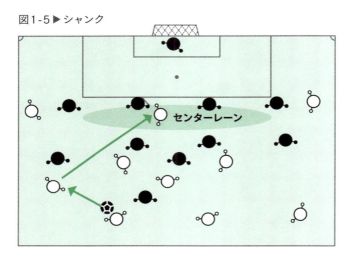

④ドライブ

空いている前方のスペースや、相手の選手と選手の間にボールを運ぶドリブルのことです(図1-6)。相手の守備ブロックへ進入する、あるいは、スペースやパスコースを作ることを意図しています。自陣から相手陣にボールを運ぶキャスティング(☞第3章で詳述)の段階で、DFラインでよく使われるプレーパターンです。場合によっては、相手の守備者に向かってドライブすることで、味方のマークを外すために使うこともあります。

図1-6 ▶ ドライブ

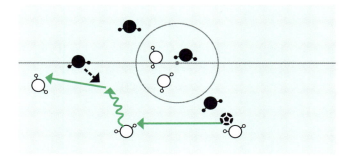

⑤ **プロテクト**

相手にボールをさらして切り返すのではなく、相手とボールの間に体を入れてターンするドリブルのことを言います（図1-7）。

相手のプレッシャーでボールを失うリスクを減らすとともに、相手を引きつけておいて、攻撃の方向を変えてプレッシャーをかわすために使われます。

図1-7 ▶ プロテクト

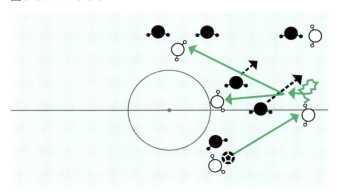

❹ 年代別トレーニングエクササイズ集

　岡田メソッドでは、プレーモデルや、テクニックとプレーパターンを習得するために、年代別（習熟度別）にトレーニングテーマを設定しています。そして、テーマごとに、トレーニングエクササイズを作成しています。

　エクササイズは、次の4つに分類されており、コーチングポイントが明確になるようにしています。

　① ドリルエクササイズ
　② クラリティエクササイズ
　③ ポジショナルエクササイズ
　④ シチュエーションエクササイズ

　エクササイズはテーマ別、または年代別に異なるのでその数は膨大です。そのため本書では割愛していますが、第7章「ゲーム分析とトレーニング」で、いくつかのエクササイズ例を紹介しています。

5 ゲーム分析とトレーニング計画　第7章

① ゲーム分析

　岡田メソッドでは、「プレーモデル」に照らしあわせてゲームの成果と問題点を抽出し、それに即したトレーニングをすることで、選手やチームを成長させ、サッカースタイルを確立できると考えています。1つ1つのゲームの内容だけで評価していたのでは、対戦相手のレベルや戦い方によって評価基準がぶれてしまいます。

　これまでは、選手やチームを改善する方法として、M-T-M（Match-Training-Match）という方法論が使われていました。これは、ゲームを分析し、改善点を抽出してトレーニングを行い、次のゲームに活用していくという方法論でした。

　岡田メソッドでは、「プレーモデルに基づく分析」を加えて、M-P（Play Model）-T-Mというフレームワークでゲーム分析を行います。

② トレーニング計画（プランニング）

　16歳までに、プレーモデルを選手に学ばせるために、計画的にトレーニングを組み立てる必要があります。そのために、次のような計画を整理しています。

- 長期的なトレーニング計画
- 年間のトレーニング計画
- 週間のトレーニング計画

　そして、1回の「トレーニングセッション」の作成方法も整理しています。

　プレーモデルがあるからこそ、「何を学ばせるか」が明確になり、長期的なトレーニング計画が立てられると考えています。そして、ゲーム分析から出てくる課題に対して、計画を修正しながら、より良いトレーニングを行っていけると考えています。

　ゲーム分析とトレーニング計画については第7章で解説します。

❻ コーチング　　第8章

　プレーモデルがあり、ゲーム分析を明確に行い、良いトレーニング計画を立てたとしても、選手に対して良い働きかけができなければ選手もチームも向上しません。

　コーチングとは、奥が深いものですが、一言で表せば、「より良い方向へ導く」ことだと思います。

　我々は、指導者にも「守破離」があると考え、最終的には、このメソッドを超えた指導ができることを目指しています。私の経験を踏まえて、コーチングの考え方、方法を第8章で説明します。

❼ ヒューマンルーツプログラム

　岡田メソッドでは、選手をサッカー選手としてだけでなく、1人の人間として成長させることが重要だと考えています。

　また、主体的にプレーする自立した選手を育てるために、サッカーのトレーニングだけではなく、まったく別の角度からのプログラム（Human Roots Program）も用意しています。

　例えば、我々が「しまなみ野外学校」でおこなっている野外体験教育です。1〜3日の簡単なキャンプから、9泊10日の無人島体験、シーカヤックでの瀬戸内縦断8泊9日といったハードなものまで、いろいろなプログラムがあります。

　力を合わせることの重要性を自然のなかで知り、どれだけ科学技術が進歩しても絶対勝てないものがあると気づき、困難を乗り越えることによって遺伝子にスイッチを入れるという「生きる力」を育む活動です。

　我々が創ってきた豊かな社会とは、便利・安全・快適を求める社会です。そこには、ご先祖様から受け継いだ、強い「生きる力」の遺伝子にスイッチが入っていないと言われています。

　そのスイッチを入れるための活動を私は20年以上前から続けています。

8 フィジカル

　サッカー選手のフィジカルの要素は多岐にわたります。90分間、スプリントを繰り返しながら走りつづける能力。トップスピードで駆け上がったり、相手を抜き去ったりする瞬間的なスピード。コンタクトプレーやジャンプといったパワー系の能力。自分の身体を巧みに操るコーディネーション能力。これらを総合的に向上させていく必要があります。

　岡田メソッドでは、フィジカルに関しても体系的にまとめたいと考えていますが、まだ完成していません。現在、専門家とともに、ワールドカップの経験を踏まえて、次の2つに関しては積極的に取り組んでいます。

① ボールぎわで勝つための、体幹トレーニング
② 1人1キロ多く走るための、ローパワートレーニング

9 コンディショニング

　フィジカルトレーニングは、現在持っている能力を、さらに向上させるためのものです。

　一方で、コンディショニングトレーニングは、現在持っているフィジカルを、最大限に発揮することを目的として行われます。筋肉や骨格のバランスを整え、効果的に筋肉を使えるようにしたり、疲労回復を早めたりすることができます。

　FC今治では、「Natural muscle（ナチュラルマッスル）」の有吉与志恵氏とともに、育成年代から取り組んでいます。

⑩ チームマネジメント　　第9章

　サッカーはチームスポーツのため、その前提となるチームの質を高めなければなりません。つまり、チームマネジメントが必要です。いい集団を作らなければ、いくらトレーニングをしたところで、個人の成長もチームの成長もありません。

　素晴らしい企業の経営者と話していると、事業のみならず、組織のミッション、ビジョンなどを非常に重視されているのがわかります。事業の収益性や効率性も重要ですが、それを支えるのは組織であり人です。

　サッカーでも、チームの土台をきちんと築くことが大切であり、それがチームマネジメントです。どれだけ素晴らしい戦術という名のビルを建てても、基礎がしっかりしていないと、ビルは倒れます。

　チームマネジメントには、選手マネジメントとスタッフマネジメントがあります。スタッフマネジメントは、プロのトップチームを指導する際には重要ですが、育成段階では必要ないので本書では省略します。そのため、第9章では、主に選手マネジメントについて解説します。

chapter **2**

岡田メソッドとは	1
プレーモデルの意義と全体像	
共通原則	3
一般原則	4
個人とグループの原則	5
専門原則	6
ゲーム分析とトレーニング計画	7
コーチング	8
チームマネジメント	9

第 2 章
プレーモデルの意義と全体像

1　プレーモデルの定義

　岡田メソッドでは、プレーモデルを「プレーの原則を体系化したもの」と定義しています。
　「原則」とは、「物事が、それに基づいて成り立つような根本、基本となる法則」という意味です。サッカーのプレーにも、そのような原則が存在しています。サッカーは「相手より1点でも多くとって勝利する」ことを目指し、攻撃と守備が絶え間なく連続するなかで行われます。
　さらに、ピッチ上に選手が入り乱れているので、つねに状況が変化する複雑性の高いスポーツです。だから、一見、混沌としているように見えます。しかし、原則に基づいて整理すると、サッカーの試合で起こっているプレーを簡潔に理解しやすくなります。
　そして、岡田メソッドでは、整理した原則を体系化しています。体系化とは、個別の知識や仕組みを関連づけてまとめることです。体系化することで、それぞれの関連性が明確になるので、サッカーを理解しやすくなると同時に、教えやすくなるメリットがあります。

2 なぜプレーモデルが必要か

　日本の選手は、サッカー選手としての基本となるプレーの原則をあまり学ばずに、一足飛びにチーム戦術（より具体的な闘い方やプレーの仕方）を教えられます。そのため、チームのやり方が変わると、自分のよさを出せなくなる選手を多く見かけます。また、歯車が1つ狂って、自分たちのサッカーができないと、状況に合わせてプレーを変えることも得意ではありません。

　その要因は、日本では、まず型に嵌めずに自由にプレーさせ、基本的な原則をあまり教えず、年代を経てからチーム戦術を徐々に教え込むような指導が多かったからではないかと私は思います。そして、サッカーを「原則」で指導すべきところを、「状況」で指導していたのではないかという疑問を持っています。

　日本の指導者は、勤勉で、学習能力も高いです。日本には、さまざまな国から、さまざまなサッカーの指導法が入ってきて、トレーニングメニューや戦術論などの情報もあふれかえっています。

　しかし、これまで日本には、プレーの原則を体系化した「プレーモデル」がありませんでした。そのため、指導者がサッカーの全体像と個々の要素を、1本の線のようにつなげながら体系的に理解することが難しかったのではないかと考えています。

　また、指導者がサッカーを体系的に理解していれば、トレーニングのためのトレーニングではなく、全体像から逆算してトレーニングを組み立て、選手に試合をイメージさせながら、わかりやすく伝えられるようになります。これらをまとめると、プレーの原則を体系化することは、次のようなメリットがあります。

① サッカーの全体像と個々の要素のつながりが理解しやすくなる。
②「プレーの原則」を用いると、選手にサッカーを伝えやすくなる。
③ ゲームを明確に分析できるようになる。
④ 長期的なトレーニング計画が立てやすくなる。
⑤ 指導の振り返りがしやすくなり、次に生かすことができる。

図2-1 ▶ 自立した選手を育てるための方法論

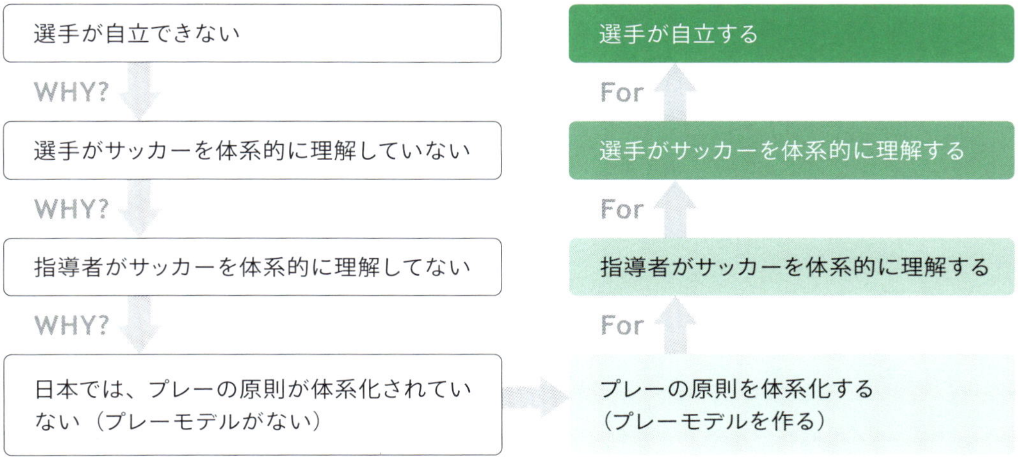

選手が自立できない		選手が自立する
WHY? ↓		For ↑
選手がサッカーを体系的に理解していない		選手がサッカーを体系的に理解する
WHY? ↓		For ↑
指導者がサッカーを体系的に理解してない		指導者がサッカーを体系的に理解する
WHY? ↓	→	For ↑
日本では、プレーの原則が体系化されていない（プレーモデルがない）		プレーの原則を体系化する（プレーモデルを作る）

　岡田メソッドでは、指導者が「原則」から選手を導くことによって、原則をプレーの基準や判断材料として、自ら解決策を見いだすことができる自立した選手の育成につながるのではないかと考えています。

　とりわけ、サッカー選手の土台として、16歳までにプレーの原則を身につけることで、その後、チーム戦術に従ってプレーするときに、自分の良さを発揮し、状況に応じて柔軟に対応し、生き生きとプレーができるようになると思います。

　つまり、プレーモデルを構築し、原則で導くことが、「自立した選手」を育てるための最良の方法論の1つではないかと考えているのです（図2-1）。

3　プレーモデルの全体像

　岡田メソッドでは、プレーモデルを、次の4つに分けて整理しています。

　1）共通原則
　2）一般原則
　3）個人とグループの原則
　4）専門原則

「共通原則」は、サッカーにおいて攻守の大前提となる、プレーの目的や仕組みを整理しています。プレーの前提となる、サッカーを最も大きく捉えた部分であり、最も本質に関わる部分です。

「一般原則」は、チームとしてプレーするための基本となる原則を整理しています。11対11だけでなく、8対8や4対4といったスモールサイドゲームにも当てはまります。

「個人とグループの原則」は、共通原則、一般原則に沿ってチームとしてプレーするなかで、個人とグループがどのようにプレーすればよいかを整理しています。

「専門原則」は、試合における、より詳細なシチュエーションを考慮し、チームの戦術的な要素を含んだ原則として整理しています。岡田メソッドでのサッカースタイルを構築するうえで、特別のものとなっています。

　以上の原則を体系的にまとめたのが、図2-2と図2-3です。サッカーの全体像（共通原則や一般原則）と個別的要素（個人とグループの原則やテクニックとプレーパターン）はつながっています。
　サッカーの指導では、つねにサッカーの全体像を意識しながら、プレーの個別的要素を伝えることが大切です。その一方で、個別的な要素が全体像を構成し、支えていることも忘れてはいけません。

図2-2 ▶ プレーモデルの全体像

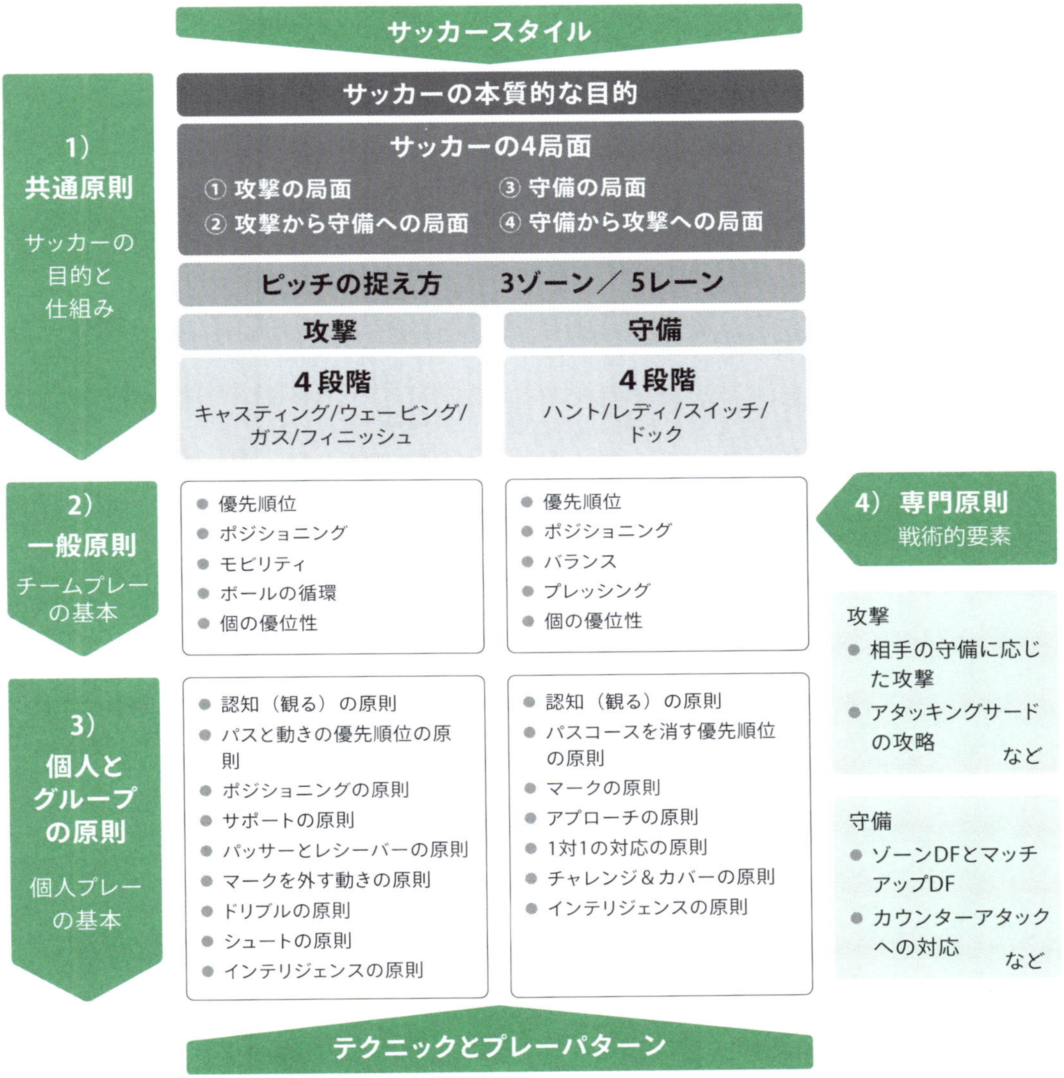

サッカースタイル

サッカーの本質的な目的

サッカーの4局面
① 攻撃の局面　③ 守備の局面
② 攻撃から守備への局面　④ 守備から攻撃への局面

ピッチの捉え方　3ゾーン／5レーン

攻撃	守備
4段階 キャスティング／ウェービング／ガス／フィニッシュ	**4段階** ハント／レディ／スイッチ／ドック

1) 共通原則
サッカーの目的と仕組み

2) 一般原則
チームプレーの基本

- 優先順位
- ポジショニング
- モビリティ
- ボールの循環
- 個の優位性

- 優先順位
- ポジショニング
- バランス
- プレッシング
- 個の優位性

3) 個人とグループの原則
個人プレーの基本

- 認知（観る）の原則
- パスと動きの優先順位の原則
- ポジショニングの原則
- サポートの原則
- パッサーとレシーバーの原則
- マークを外す動きの原則
- ドリブルの原則
- シュートの原則
- インテリジェンスの原則

- 認知（観る）の原則
- パスコースを消す優先順位の原則
- マークの原則
- アプローチの原則
- 1対1の対応の原則
- チャレンジ＆カバーの原則
- インテリジェンスの原則

4) 専門原則
戦術的要素

攻撃
- 相手の守備に応じた攻撃
- アタッキングサードの攻略　など

守備
- ゾーンDFとマッチアップDF
- カウンターアタックへの対応　など

テクニックとプレーパターン

図2-3 ▶ 全体像と個別的要素

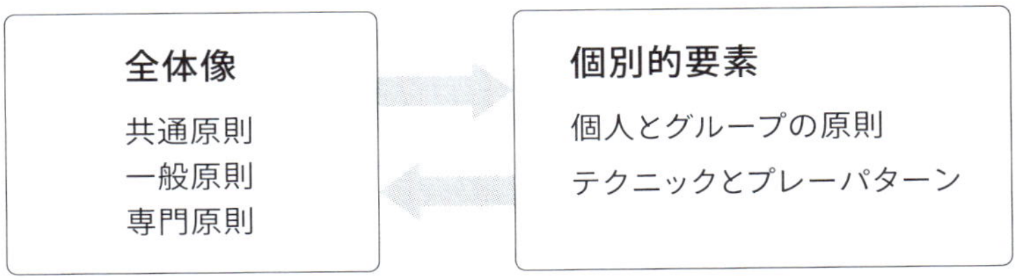

全体像	個別的要素
共通原則 一般原則 専門原則	個人とグループの原則 テクニックとプレーパターン

コラム1　今なら、前よりもっといい指導ができる？

　FC今治では週に1回、蹴会というコーチの勉強会を開いています。あるとき、私が講師になり、「ゲーム分析」というテーマで講義をしました。講義のあと、グラウンドでU15の紅白マッチを行い、私が実際にゲーム分析をしました。

　Aチームが圧倒して、前半が終了。ハーフタイムに、私はBチームのミーティングに入りました。

　Bチームは前線からプレッシャーをかけられ、何もできなかったのです。私はBチームに、攻撃面で1つだけアドバイスをしました。

　「センターバックがボールを持ったとき、第1エリアに味方がいない。アンカーが2人とも第2エリアにいるから、トップへのパスコースも閉じられている。センターバックがボールを持ったら、6番のアンカーの選手は怖がらずに、必ず第1エリアに入って、1のサポート、つまり緊急のサポートをするように。センターバックは6番にパスを出したら、すぐにブラッシングでパスを受けて、前にフィードしなさい」

　さらにもう1つ、ディフェンス面で修正を指示しました。アドバイスはこの2つだけでしたが、後半は、Bチームが劇的に攻勢に転じました。以前の私だったら、こう言ったでしょう。

　「センターバックがボールを持ったら、みんな、そんなに怖がらないで、サポートしてやれ。それから、しっかり動いて、トップへのパスコースも作らないと」

　ざっくりとしていて、これでは戦況を劇的に変えることはできなかったでしょう。しかし岡田メソッドを作っているあいだに頭が整理され、問題点がはっきりと見え、選手が理解できるように伝えることができました。今のほうが、前よりいい指導ができる気がします。

chapter 3

岡田メソッドとは	1
プレーモデルの意義と全体像	2
共通原則	3
一般原則	4
個人とグループの原則	5
専門原則	6
ゲーム分析とトレーニング計画	7
コーチング	8
チームマネジメント	9

第3章
共通原則 —— サッカーの目的と仕組み

　プレーモデルにおける「共通原則」では、攻守における大前提となるプレーの目的や仕組みを整理しています。いわば、サッカーの基本概念、本質、全体像に関わる部分です。この部分を漠然と捉えていると、プレーモデルの本質を見失うことになります。森の中に迷い込んで、進むべき方向を見失ったようなものです。選手にわかりやすくサッカーを伝えるためにも、指導者として、まずは共通原則をきちんと理解する必要があります。

　サッカーを、ゲームという側面から見ると、その究極の目的は、勝利することです。つまり「相手より1点でも多くとって、勝利する」。これから紹介するさまざまな「プレーの原則」は、究極的には、この目的を達成するためにあります。

　私は、これまで代表チームやクラブのトップチームの監督として勝利を追求し、そのために必要なことをしてきました。たとえば、「対戦相手の分析」「戦術、システム、メンバーの決定」「試合のシミュレーション」といった試合前の準備から、「試合中の分析」「ハーフタイムでの指示」「選手交代」といった試合中のことまで、細部にわたって、こだわってきました。

　ただし、育成年代の指導者は、トップチームの監督とは異なり、選手の将来を考えながらの指導になります。勝つことだけでなく、育成することも求められるので、トップチームの監督よりも難しい側面があるかもしれません。それでも「ウィニングマインド」は、つねに育てつづけるべきだと私は考えています。「自分たちのサッカーをすればいい」「ともかく勝てばいい」のどちらか1つを追うのは、ある意味簡単です。勝つことと育てることは一見矛盾するように見えますが、実は矛盾しないものだと考えています。

育成世代に必要な成長を実現させ、チームの美学やポリシー、コンセプトを守りながらも、チームが勝つことへの執着心を植えつける必要があります。全力を尽くして負ければ、誰でも悔しいはずで、それが再び頑張ろうとする力にもなります。幼少期は別ですが、育成世代でも、ゲームに勝つことの意識は欠かすことができません。

　「ゲームでは、勝つためにベストを尽くさせる。しかし、その手段として、選手個々が成長するための方法をとる」。これが、育成年代を指導するときのポイントの1つです。

勝つことと、育てること

　勝ち負けがあることに関しては、「勝ちたい！」という強い気持ちを持って臨むことが絶対です。負けてもいいと思って臨んだら、勝っても負けても得るものがありません。勝つために全力を尽くしたら、負けてもいいのです。それが成長につながります。

　少年サッカーでは、必死で応援している親御さんをよく目にします。これはかつて私が住んでいたドイツも一緒です。ところが、試合が終わったあとの光景がまったく違います。特に負けたとき、日本では「あのとき、なんであんなパスしたの？」と、親が悔しそうに子どもに話しかけます。一方、ドイツでは、負けても「Good game!」と言って、子どもを抱きしめます。

　テニス選手のロジャー・フェデラーは、「自分は勝つのが好きだ」と言います。日本のスポーツマンは得てして「負けるのが嫌いだ」と言います。勝つのが好きな子どもを育てて、負けても「よくやった！」とハグしてあげることが、人を育てることにつながるのです。

1　サッカーの4つの局面と、プレーの目的

サッカーは、野球のように攻守を交代して行うスポーツではありません。また、バレーボールのように、自陣と相手陣がネットで仕切られてプレーするわけでもありません。サッカーでは、1つのピッチ上で選手が入り乱れ、つねに攻撃と守備が展開されています。

攻守が混合しているので複雑ですが、次の4つの局面（Aspect）に分けて観察すると、サッカーが理解しやすくなります（図3-1）。

そして、4つの局面では、それぞれにプレーの目的があり、それを原則としてチームで共有しながらプレーする必要があります。それが、チームプレーの第一歩となります。

図3-1 ▶ サッカーの4局面

① **攻撃の局面（Attack）：**
　自チームがボールを保持しているとき
　　1）ゴールを奪う
　　2）ボールを前進させ、シュートチャンスを作る
　　3）攻撃権を失わないために、ボールを保持する

② **攻撃から守備への局面（Ball loss）：**
　ボールを相手に奪われたとき
　　1）素早くボールを奪い返す
　　2）相手の攻撃を遅らせ、守備の態勢を整える

③ **守備の局面（Defense）：相手チームがボールを保持しているとき**
　　1）ボールを奪う
　　2）相手の攻撃を自由にさせず、制限をかける
　　3）ゴールを守る

　　※ 相手チームに主導権がある場合は、1と3が入れ替わる

④ **守備から攻撃への局面（Ball get）：相手チームからボールを奪ったとき**
　　1）相手の守備の態勢が整わないうちに攻める
　　2）奪ったボールを奪い返されず、攻撃の態勢を整える

1 攻撃の局面
自チームがボールを保持しているとき

　図3-1で見たように、攻撃の局面でのプレーの目的は、3つあります。

1）ゴールを奪う
2）ボールを前進させ、シュートチャンスを作る
3）攻撃権を失わないために、ボールを保持する

　まず、当然ながら「ゴールを奪う」ことが一番の目的です。とはいえ、自陣のゴール前からはシュートを打てませんし、相手陣に入っても、相手はシュートを打たせないように守備をしてくるでしょう。

　そのような状況では、「ボールを前進させ、シュートチャンスを作る」ことが目的となります。そして、相手がボールを奪い返そうとプレスをかけてきたときには、「ゴールを奪う」「ボールを前進させ、シュートチャンスを作る」ことを目指しながらも、「攻撃権を失わないために、ボールを保持する」ことが目的となることもあります。

　ゴールを奪うことだけを考えてボールを簡単に失ったり、逆にボールを保持するだけでゴールを目指さなかったりするのは、プレーの原則からは外れています。

　相手の状況、ピッチ上でのエリアなどを考慮しながら、3つの目的の中から適切な優先順位で判断し、プレーすることが重要です。

2 攻撃から守備への局面
ボールを相手に奪われたとき

攻撃から守備への局面でのプレーの目的は、2つあります。

1）素早くボールを奪い返す
2）相手の攻撃を遅らせ、守備の態勢を整える

　まずは、「素早くボールを奪い返す」ことが目的です。ボールを素早く奪い返すことができれば、守備の時間を短くし、攻撃の時間を長くすることができます。
　また、相手は攻撃に移ろうとしているので、守備の態勢を崩しています。この局面でボールを奪い返すことができれば、大きなチャンスにもなります。
　同時に実行しなければいけないのが、「相手の攻撃を遅らせ、守備の態勢を整える」ことです。ボールを素早く奪い返すことを狙いつつ、奪い返せない状況では、相手が縦に進めないようにします。そして、ボールと直接関係のない選手は、素早く自陣に戻り、守備の態勢を整えなければいけません。
　攻撃から守備への局面を効果的にプレーするために重要なのは、実は攻撃の局面です。攻撃の際、選手同士の距離が近ければ、ボールを失っても素早く相手にプレスをかけることができます。ロングボールを蹴り込んでボールを失い、切り替えてすぐに取り戻せと言っても、周りに味方がいなければ無理です。バランスよく攻撃に人数をかけ、ボールを失ったときのリスク管理も行っていれば、「攻撃から守備への局面」に移行しても、プレーの目的をスムーズに実行できます。

3 守備の局面
相手チームがボールを保持しているとき

守備の局面でのプレーの目的は、3つあります。

1）ボールを奪う
2）相手の攻撃を自由にさせず、制限をかける
3）ゴールを守る

攻撃の場合は、「ゴールを奪う」という最優先の目的があり、そこから逆算して「ボールを前進させ、シュートチャンスを作る」「攻撃権を失わないために、ボールを保持する」というように、優先順位がはっきりしていました。

しかし、守備の場合は、どちらが主導権を握っているかで、優先する目的が入れ替わります。

自チームが主導権を握っている状態では、「ボールを奪う」という目的から逆算してプレーします。

相手が主導権を握っている状態では、むやみにボールを奪いにいってかわされてしまえば、失点する可能性が高まります。その場合は、「ゴールを守る」という目的を最優先させます。そこから逆算して、「相手の攻撃を自由にさせずに、制限をかける」ことを目的にプレーし、「ボールを奪う」という目的を達成できるようにします。

守備の局面では、通常は相手側に主導権があります。しかし、こちら側が主体的にプレーすることで、相手がボールを保持していても、主導権を握ることができます。いわゆる「ボールを持たせている」という状況です。

相手の攻撃に対してリアクションで守るのではなく、こちらから意図を持って相手を追い込み、スイッチを入れてボールを奪いにいけば、主導権が握れます。そのためには、状況に応じて、3つの目的をチームが共有してプレーすることです。

岡田メソッドでは、守備のスタイルを「プロアクティブ」としていますが、守備の局面でも主体的にプレーし、主導権を握り、積極的にボールを奪いにいくことを目指しています。なぜなら、できるかぎり攻撃の時間を長くしたいと考えているからです。

④ 守備から攻撃への局面
相手チームからボールを奪ったとき

守備から攻撃への局面でのプレーの目的は、2つあります。

1）相手の守備の態勢が整わないうちに攻める
2）奪ったボールを奪い返されず、攻撃の態勢を整える

前述したように、ボールを奪い返した瞬間は、相手の守備組織が整っていない状況が多く、大きなチャンスです。まずは「相手の守備の態勢が整わないうちに攻める」ことが第一の目的となります。

しかし、ボールを奪った瞬間は、自分たちもボールを奪うために密集しています。相手もボールを奪い返そうとプレスをかけ、さらに密集した状態になります。そのような状況で、慌てて攻めて、ボールを失っても意味がありません。

ゴールを目指すと同時に「奪ったボールを奪い返されず、攻撃の態勢を整える」ことを目的としてプレーする必要もあります。素早くポジションをとり、ボール保持者をサポートし、ボールを安全で広いエリアに展開することも必要です。

そして、守備から攻撃への局面をうまくプレーするために重要なのは、守備の局面です。自分たちが主体的に守備をして、意図的にボールを奪うことができれば、スムーズに攻撃に移ることができます。

2 ピッチの捉え方：3ゾーン／5レーン

　サッカーのピッチの大きさは、105m×68m（8対8は68m×50m）です。ピッチのどの場所でも、同じようなプレーをしていてはいけません。自分は今、この広いピッチのどこでプレーをしているのかを考慮する必要があります。ピッチの場所によって、どのようにプレーすべきかを理解しないといけません。

　岡田メソッドでは、ピッチを横に分割した3ゾーン、縦に分割した5レーンで、ピッチを捉えています。このようにピッチを分割することで、「プレーの原則」との関連が明確になります。どの場所で、どのようにプレーすべきか、つまり、ピッチをどう使えばいいのかが理解できるようになるのです。

1　3ゾーン

　ピッチを横に3つのゾーンに分割し、自陣から相手陣へ向けて、次のように呼んでいます（☞ 次頁、図3-2）。

- ディフェンディングサード（Dサード）
- ミドルサード（Mサード）
- アタッキングサード（Aサード）

　また、「専門原則」ではミドルサードを2分割して、Aサード側からM1サード、M2サードと呼ぶこともあります。それぞれのゾーンは、攻守において、前述したサッカーの4局面でのプレーの目的と関連させながら、セーフティ／リスクの意思決定の基準となります。

　Dサードでは、セーフティなプレーを心がけます。攻撃では、リスクを冒さずに、ボールをDサードから運び出すことが必要です。

　守備面でも、リスクを冒してボールを奪いにいくのではなく、ゴールを守ることを第一に考えながら、相手をDサードから押し戻します。

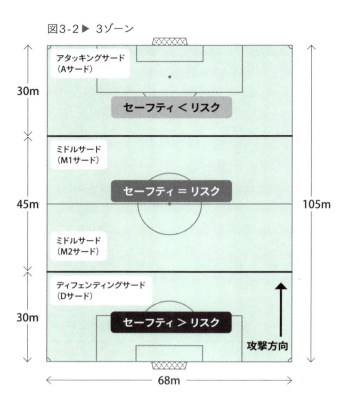

図3-2 ▶ 3ゾーン

　Mサードでは、セーフティとリスクのバランスを考えながら、状況に応じてリスクをとっていきます。攻撃では、ボールを保持しながら、相手の守備組織を揺さぶり、突破するチャンスを作り出していきます。守備では、守備組織を構築して、相手の攻撃に制限を加え、ボールを奪いにいくチャンスを作り出していきます。

　Aサードでは、リスクを冒してチャレンジします。だからといって100対0というわけではなく、リスクを管理することも忘れてはいけません。攻撃では、突破を試み、ゴールを目指します。個人で仕かけたり、バランスを保ちながらも、後方から人数をかけたりすることも必要になります。守備でも、積極的にボールを奪いにいきます。特にAサードでボールを失ったときは、すぐに奪い返すことができれば、大きなチャンスになります。

2　5レーン

図3-3 ▶ 5レーン

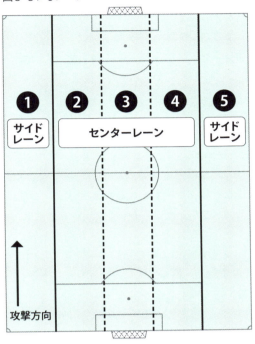

　ピッチを縦に5つに分割し、攻撃方向に向かって左から❶～❺レーンと呼んでいます。また、❷❸❹をセンターレーン、❶❺をサイドレーンと呼んでいます（図3-3）。ピッチをレーンで分割して捉えることで、レーンを意識して、攻撃や守備をする方向が決めやすくなります。また、ポジションをとるときの基準にもなります。

　基本的に、攻撃のときは同じレーンに複数の選手がポジションをとることは避けるようにします。特にボールと逆サイドのレーンには、2人が入らないようにします（たとえば、攻撃で❶のレーンにボールがあるとき、❺のレーンには2人の選手が入らないようにします）。

　攻撃するときは、相手の守っていないレーンから攻めます。あるいは、守っていないレーンを作り出すことが求められます。守備では、相手の攻撃を1つのレーンに追い込んでいきます。センターレーンへのパスコースを消しながら、サイドレーンへと相手を追い込んでいくのです（☞ 第4章「一般原則」で詳述）。

3 攻撃と守備の4つの段階

　サッカーには基本となる仕組みがあり、そのなかで目的を持ってプレーすることが大切だと私は考えています。岡田メソッドでは、ここまで説明してきたことを踏まえて、プレーの一連の過程を、攻撃と守備で、4つの段階（Phase）に分けて整理しています（図3-4）。

　攻撃は、「ゴールを奪う」という最終目的を達成するための4段階、守備は、「ゴールを守り、ボールを奪う」という目的を達成するための4段階に、それぞれ分けています。

　ゲーム中は、攻撃の際も守備の際も、これら4段階を意識して、仲間と共有しながらプレーすることが重要です。これらの段階を意識できれば、はっきりと目的をもってプレーできるようになります。

「今は攻撃のどの段階で、何を目的に、何をするべきか」
「守備のどの段階で、何を目的に、何をするべきか」

　こうしたことを、すべての選手が理解し、チームで共有すれば、つながりのあるサッカーができます。逆に言えば、この段階を意識できなければ、意図のないプレーになる可能性があります。

　ただし、これらの4段階は、一連の流れでもあり、1つ1つが別々に行われるものではありません。たとえば、キャスティング＆ウェービング、ウェービング＆ガスというように結びついています。相手の守備の状況によっては、ある段階を飛ばして実行されることもあります。

　また、これらの4段階は、前述の3ゾーンで表したように、ピッチの決まった位置で行われるものではありません。どの位置で、この4段階が行われるかは、対戦相手の戦い方などによって変わってきます。たとえば、相手が前からプレスをかけてくる場合、ガスになる部分がMサードになることもありますし、相手が引いて守っているときはAサードになったりもします。

　それでは、攻撃と守備の4段階を詳しく見ていきましょう。

図3-4 ▶ 攻撃と守備の一連の流れ

攻撃の4段階

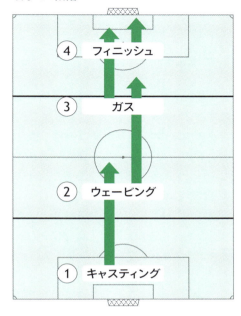

守備の4段階

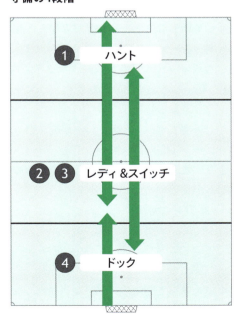

1 攻撃の4つの段階

① キャスティング（Casting）

　自陣から、安定したボール保持の状態で、自陣から相手陣にボールを運ぶ段階のことをいいます。

　キャスティングの本来の意味は、「釣りで竿を振り、狙った場所へルアーを投げ込むこと」、あるいは「映画やドラマで、出演者に役を割り振ること」です。準備段階の重要性を表す言葉として、岡田メソッドでは、この言葉を使っています。

　サッカーでも、キャスティングがうまくいくと、主導権を握った攻撃ができます。なお、相手が自陣深くに守備ブロックを形成したときは、このキャスティング段階はなくなります。

② ウェービング（Waving）

　人とボールが動いて、相手の守備組織を揺さぶり、ゴールに向かって進入するコースを作る段階のことをいいます。

　波のように押しては引くことを繰り返しながら、相手の守備組織を乱すことをイメージし、この言葉を用いています。ただし、相手の守備組織のアウターゾーン（相手が作っている守備ブロックの外のエリア）でボールを動かしているだけの状態は、ウェービングとはいいません。

　つねに個人で仕かけたり、DFラインの背後を狙いながら、守備組織のインナーゾーン（相手が作っている守備のブロックの中のエリア）をついたり、局面に数的優位を作ったりして、相手の守備組織のバランスを崩すことが重要です（☞ アウターゾーン、インナーゾーンについては、第4章「一般原則」で詳述）。

③ ガス（Gas）

　相手の守備組織を崩して突破し、ゴールへ向かう段階のことをいいます。

自動車などが一気にガスを燃やしてスピードアップすることをイメージして、この言葉を使っています。この段階では、個人でビート（ドリブル突破）したり、パッサーとレシーバーが「ポーズ」のタイミングで合わせ、マークを外した瞬間に1本のパスで突破したりします。あるいは、ユニットを組んで動き、スペースを作り出して突破していきます。また、ゴール前に強固な守備組織を作られた場合は、第6章「専門原則」の「アタッキングサードの攻略」の方法を使って突破を試みます。

④ **フィニッシュ（Finish）**

ゴールを仕留める段階のことをいいます。

シュートに至る前の1つのパス、1つのコントロールのプレーを含めてフィニッシュの段階と捉えています。岡田メソッドのサッカースタイルでは、この段階で、GKと2対1の状況を作ることを理想としています。また、シュートは、何も考えずに全力で打つのではなく、意図を持って打つことが大切だと考えています。

ここで、攻撃の4段階を図にまとめておきましょう（図3-5）。

図3-5 ▶ 攻撃の4段階

①	**キャスティング**	自陣から、安定したボール保持の状態で、相手陣にボールを運ぶ段階
②	**ウェービング**	人とボールが動いて、相手の守備組織を揺さぶり、ゴールに向かって進入するコースを作る段階
③	**ガス**	相手の守備組織を崩して突破し、ゴールへ向かう段階
④	**フィニッシュ**	ゴールを仕留める段階

2 守備の4つの段階

❶ ハント（Hunt）

　ボールを失った瞬間に、素早くボールを奪い返そうとし、相手の攻撃を遅らせる段階のことをいいます。

　狩りのように相手からボールを奪うことをイメージして、この言葉を用いています。岡田メソッドでは、攻撃から守備への切換の速さを表すものとして、「5－5コンセプト」があります。これは、ボールを失った瞬間に、ボールに近い選手が5秒間、あるいは5メートル、ボールを追いつづけることです。

❷ レディ（Ready）

　ハントでボールを奪い返すことができなかったときに、いったんファーストポジションに戻り、守備陣形を整え、意図的にボールを奪いにいくための準備をする段階のことをいいます。

　ボールを奪いにいく「準備をする」という意味で、レディという言葉を使っています。この段階では、守備組織を構築し、相手の攻撃をインナーゾーンに入らせないことが重要です。つまり、縦にプレーさせずに横にプレーさせ、相手の攻撃を予測可能な状態にするのです。ただし、このときも、つねにボールにはアプローチに行き、自分たちが主導権を握ることが大切です。

❸ スイッチ（Switch）

　相手に規制をかけ、ボール保持者に厳しくアプローチしたのを合図に、チーム全体で一気にボールを奪いにいく段階のことをいいます。なお、「ボール保持者に厳しくアプローチに行く選手」のことを「スイッチャー」と言います。

　ボールを奪いにいくための「スイッチを入れる」という意味で、この言葉を使っています。前線の選手の規制によって生まれたボール奪取のチャンスを逃さずに、チーム全体でボールを奪いにいきま

す。基本的には、狙い目をもって、主にサイドで厳しくアプローチをかけ、チーム全体が連動していくことが必要です。

❹ ドック（Dock）

プレッシングをかわされたときに、ゴール前に強固な守備組織を形成し、ゴールを守りながら相手を押し戻す段階のことをいいます。

船を守る「ドック」をイメージして、この言葉を使っています。シュートコースを消しながら、ゴールを奪われないように、粘り強く対応していきます。身体を張ってシュートブロックをすることも大切です。また、むやみにボールを奪いにいってファールを犯すことは禁物です。

ここで、守備の4段階を図にまとめておきましょう（図3-6）。

図3-6 ▶ 守備の4段階

1 ハント | ボールを失った瞬間に、素早くボールを奪い返そうとし、相手の攻撃を遅らせる段階

2 レディ | ファーストポジションに戻って、守備陣形を整え、意図的にボールを奪いにいくための準備をする段階

3 スイッチ | 相手に規制をかけ、スイッチャーがボール保持者へ厳しくアプローチしたのを合図に、チーム全体で一気にボールを奪いにいく段階

4 ドック | ゴール前に強固な守備組織を形成し、ゴールを守りながら相手を押し戻す段階

chapter 4

岡田メソッドとは	1
プレーモデルの意義と全体像	2
共通原則	3
一般原則	4
個人とグループの原則	5
専門原則	6
ゲーム分析とトレーニング計画	7
コーチング	8
チームマネジメント	9

第4章
一般原則 —— チームプレーの基本

　一般原則では、チームとしてプレーするための基本となる原則を定義しています。共通原則で説明したサッカーの仕組みの中で、プレーの目的を達成するための重要な原則です。一般原則は、「攻撃」と「守備」に分かれていて、それぞれ5つの原則があります（図4-1）。

図4-1 ▶ 攻撃と守備の一般原則

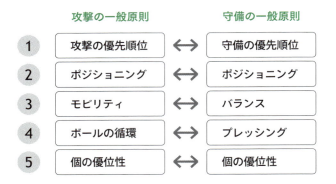

　これらの原則は、攻守が表と裏の関係になっています。この関係を理解すると、相手のプレーに適切に対応することができます。たとえば、攻撃側がボールを奪ったときには、どうすればいいのでしょうか？

　まずは「攻撃の優先順位の原則」に従って、ゴールを目指します。守備側も「守備の優先順位の原則」に従って、ボールを前に運ばれるのを防ぎます。
　次に、攻撃側は「ポジショニングの原則」に従って、ポジションをとり、ボールを保持して、ゴールを目指すことができる状態を作ろうとします。守備も「ポジショニングの原則」に従って、適切な

ポジションをとり、守備組織を形成します。

　さらに、攻撃側がボールを動かして守備組織を崩そうとするのに対して、守備側は「バランスの原則」に従って守備組織を維持してきます。そのような組織された守備組織を崩すために、攻撃側は「モビリティの原則」に従って、秩序よく動いていかなければなりません。

　このようにサッカーの試合の中では、攻守の原則による対応の闘いが、表裏一体、混沌とした中で起こっています。一般原則を理解することで、この混沌としたサッカーの試合が、理解しやすくなります。

　また、指導者の試合を観る目が変わります。そして、選手に「プレーの基準」や「判断材料」として原則を学ばせることで、自ら判断できる対応力のある選手に育っていきます。

　このことから、選手が16歳になるまでに、一般原則をしっかりと身につけさせたうえで、チーム戦術を教えるべきだと思っています。チーム戦術とは、「チームの具体的なプレーの仕方、やり方を決めたもの」です。それは、監督の個性やチームメンバーの能力、対戦相手のレベルなどで異なってきます。プレーの原則を学ぶ前に、チーム戦術でサッカーを学んでしまうと、チーム戦術が変わったときに対応できないおそれがあります。あるいは、自分たちのペースでサッカーができなかったときに、対応できなくなる可能性が高くなります。

　なお、これから説明する一般原則の図においては、
「攻撃は、4－3－3」
「守備は、4－4－2」
で表しています。これは説明をしやすくするためで、システム自体はそれほど重要ではなく、どのシステムでも当てはまる原則であると考えています。

1　攻撃の一般原則

　攻撃の一般原則には、5つの原則があります。相手の守備の状況に応じて、攻撃の優先順位を考えながら、ゴールを目指します。そのためには、次の3つが大切です。

- 適切にポジションをとること
- タイミングよくモビリティを出すこと
- 効果的にボールを循環させること

　これらを、チームとして実行することが重要です。また、個の優位性を活かして、局面を有利に闘うことも必要になってきます。もう一度、図4-2で「攻撃の一般原則」を確認しておきましょう。

図4-2▶攻撃の一般原則

①	攻撃の優先順位	攻撃の目的から逆算したプレーをする
②	ポジショニング	スペースを作り、選手間の適切な距離を保ち、位置的優位性を作る
③	モビリティ	相手のバランスを崩して、スペースと数的優位を作り出す
④	ボールの循環	効果的にボールを動かす
⑤	個の優位性	相手に対して優位性のある選手を使う

　それでは、「① 攻撃の優先順位」から見ていくことにします。

1 攻撃の優先順位の原則
攻撃の目的から逆算したプレーをする

攻撃の目的から逆算したプレーをするための原則です。攻撃の優先順位と、狙うべき6つのスペースを関連づけて理解しましょう（図4-3）。

- 得点を狙う：1・2のスペースを狙う
- ゴールへ向かって前進する：3・4のスペースを狙う
- 前進するためにボールを保持する：主に5のスペースを使う
- 攻撃をリセットする：主に6のスペースを使う

ただし、守備側も、守備の優先順位に従って、このスペースを埋めてきます。そのため、1つのスペースを狙うことで生まれてくる、相手の守っていないスペースを選択しなければいけません（☞ 第5章「個人とグループの原則」の「パスと動きの優先順位の原則」で詳述）。また、このスペースは、相手が守備組織をどの位置に作るかなどによって変化します。

図4-3 ▶ 6つのスペース

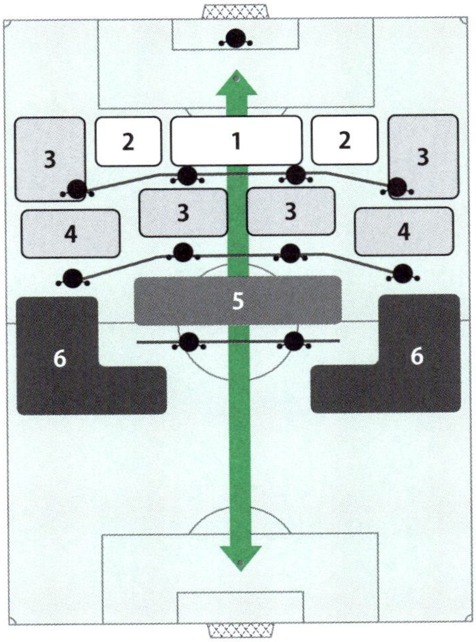

2 ポジショニングの原則
スペースを作り、選手間の適切な距離を保ち、位置的優位性を作る

　ポジショニングとは、チーム全体で有利にプレーするために、適切な位置（位置的優位性）をとることです。そのためにスペースを作り、選手間の適切な距離を保つことが必要です。

　ポジショニングの原則は、次の4つで構成されています。

① 深さを作る（3ラインの形成）
② 幅をとる（レーンを考慮する）
③ エリアに応じたポジショニングと役割
④ 基点と動点の役割

　キャスティングからウェービングにかけては、この原則が、ボールを失わずに前進するための重要な原則になります。相手の守備組織が強固でない場合は、この原則だけでゴールへ向かうことができます。

　また、チーム全体で有利にプレーするための適切なポジションをとったあとは、後述する「サポートの原則」に従って、ボール保持者を助けることも必要になります。

　では、1つ1つ詳しく見ていきましょう。

1　深さを作る（3ラインの形成）

　相手の守備組織を拡げ、ライン間のスペースを作るために、縦方向への深さを作ります（図4-4、中央の矢印）。そのとき、前方の深さは、少なくとも1人の選手によって確保する必要があります。

　センターフォワード（CF）の選手が中盤に下がってプレーするときは、サイドの選手が前方の深さを作ります。後方の深さも、DFラインの選手によって確保されなければなりません。

　さらに、味方との関係性を高め、相手からのプレスを受けにくくするために、チーム全体で少なくとも3つのラインを確保しなければなりません。DFライン、MFライン、FWラインです。各ライン

図4-4 ▶ 深さを作る

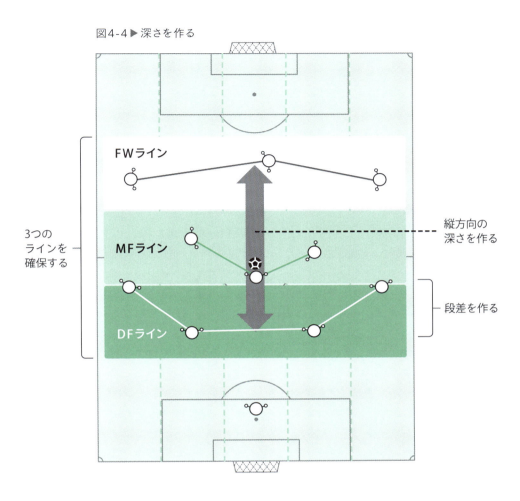

は一直線になるのではなく、状況に応じて段差を作ることで、より有利にプレーすることができます（☞ 第5章「個人とグループの原則」の「ポジショニングの原則」で詳述）。

　守備の場合は、コンパクトフィールドをキープすることが大切ですが、攻撃の場合は、基本的に深さを保たなければなりません。ただし、相手を押し込んで、ねじ伏せるときなどは、そのかぎりではありません。

2　幅をとる（レーンを考慮する）

ピッチ全体の幅を効果的に使うために、異なるレーンにポジションをとります。そうすれば、以下のメリットがあります。

- 拡がりすぎて、攻撃の厚みが薄くなるのを防ぐ
- 近づきすぎて、有効に使えるスペースをなくすのを防ぐ
- 各ラインにいる相手の選手間の距離を拡げることができる
- 相手の少ないところへボールを動かすことができる

同じレーンにいるときは、できるかぎり縦軸が重ならないようにします（図4-5：展開1）。

ボールサイドにおいては、できるだけサイドラインいっぱいにポジションをとります。同じレーンに2人が重なる場合は、必ず角度をつけます。もしくは、1人の選手が中のレーンに移動して、パスコースを増やします（図4-5：展開2）。ワイドアタッカーとサイドバックが2人とも開き過ぎて、パスコースをお互いでつぶしている状況をよく見かけます。この原則を理解すれば、改善できると思います。

ボールが逆サイドにあるとき、1人は逆のサイドレーンに留まります（図4-5：展開3）。本来のマークである相手のサイドバックは当然、中に絞るので、相手のワイドアタッカーが下がってマークすることになります。逆サイドの選手が中のレーンに入ると、相手のサイドバックがマークにつき、相手のワイドアタッカーは下がらずに高い位置をとることになり、カウンター攻撃の起点になってしまいます。また、相手のワイドアタッカーが下がってマークせず、逆サイドにフリーの選手がいれば、ボール保持者がプレスを受けたとき、外にパスを出せるという安心感につながります。

ただし、ロングキックができない年代は、最大の幅を有効に使うことができません。その場合は、逆サイドのサイドレーンの選手が、センターレーンの❹にポジションをとる場合があります（図4-5：展開4）。これによって常にプレーに関わることができ、プレーの選択肢を増やすことにつながります。そしてボールが展開してくれば、先ほど説明したように誰か1人がサイドラインいっぱいにポジションをとります。

このように、レーンを意識しながら、ボールの動きに応じてチーム全員で塊のように動き、ポジションを修正することで適切な幅が保たれ、有効なスペースが生まれてきます。

図4-5 ▶ 幅をとる

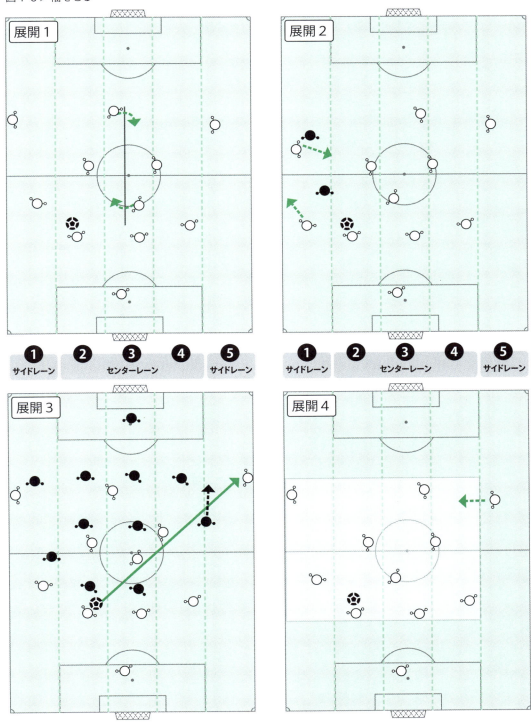

3　エリアに応じたポジショニングと役割

　ここまで説明してきたように、深みを作り、幅をとることでスペースが生まれ、選手間の適切な距離を保つことができます。

　さらに、ボール保持者から3つのエリアに応じてポジションをとり、エリアに応じた役割を果たすことが重要です。

　各エリアの区分は、次のとおりです（図4-6）。

第1エリア：　直接ボールに関与するエリア
第2エリア：　直接ボールに関与し、かつ間接的にプレーに関与するエリア
第3エリア：　間接的にプレーに関与するエリア

　このように、ボールを中心に第1エリアから第3エリアに応じてポジションをとります。そして相手のプレスをかわし、ボールを有利なスペースへ展開していくことを目指します。その際には、各エリアの選手が、次のような役割を果たしていきます。

第1エリア

　ボール保持者に対して、主にサポート1（緊急）、サポート2（継続）を行います（☞ 第5章「④サポートの原則」で詳述）。ボールを失わないようにしながら相手を引きつけ、第2エリアへのパスコースを作ります。このときに、ブラッシングを効果的に使えば、相手のプレスをかわして、ボールを簡単に展開できます。

第2エリア

　第1エリアからボールを引き出し、有利なスペースに展開する役割を果たします。相手守備のラインの間に位置し、パスを受けることで、相手守備ラインを上下させ、混乱を引き起こすことができます。第2エリアでボールを受ける選手は、つねにサポート3（越える）を意識します。

第3エリア

　相手の守備組織を拡げ、コンパクトフィールドを作らせないよう

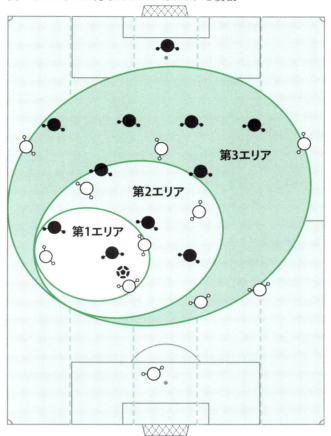

図4-6 ▶ エリアに応じたポジショニングと役割

にします。ボールより前方にいる選手は、相手のDFラインを下げるために、つねに相手の背後を狙います。ボールより後ろにいる選手は、安全なパスコースの確保とともに、ボールを失ったときに備えて、守備の準備をしておきます。ボールと逆サイドの選手は、相手の守備組織を拡げるために、幅をとります。

　相手のプレスがないときは、第1エリアに味方がいなくてもいい場合もあります。ボール保持者の状況に応じて、このエリアの原則にしたがってポジションをとり、それぞれの役割を果たしていくことが重要です。

　また、ボールがAサードにあれば、ゴールを奪うプレーがこの原則より優先され、Dサードにあれば、ボールを失わないためのプレーが優先されます。

4　基点と動点の役割

　岡田メソッドでは、キャスティングからウェービングの段階において、独自の発想（視点）で、ポジショニングを「基点と動点」の関係で捉えています。

　ポジショニングは本来、全員が自由に動くなかでバランスがとれていることが理想です。しかし、そうした状態を作るには、チームとして成熟させる時間が必要です。まずは、「基点と動点」という発想からスタートするのがよいでしょう。

　ポジショニングを「基点と動点」の関係で捉えることで、これまで説明した「深さを作る」「幅をとる」「エリアに応じたポジショニングと役割」を統合して考えることができます。そして、「基点と動点」の関係を明確にしてプレーできれば、チームとしてのまとまりを維持しながら、変化を起こすことが可能になります。

　「基点」とは、基本的に相手の守備組織の外側、つまりアウターゾーンのBP1〜BP4の4カ所のことを言います。ここには必ず誰かがポジションをとり、定石となってバランスを保つ役割を担います。

　たとえば、BP1、BP2には主にワイドアタッカーが入りますが、ワイドアタッカーが中に入ったときには、サイドバックが埋めます（図4-7：展開1）。

　BP3、BP4には、主にセンターバックが入りますが、時としてセンターバックを外に出して、アンカーがBP5として入ることもあります（図4-7：展開2）。

　また、アンカーやボールサイドのサイドバックも、時として「基点」となり、「基点」が5〜6カ所になることもあります（図4-7：展開3）。

　「基点」以外の4〜6人は「動点」となり、相手の守備組織の内側で、つまりインナーゾーンでバランスよく動き、ボールの近くで数的優位を作ったり、モビリティを生んだりする役割を担います。

　つまり、「基点」の選手は、ある程度ポジションをキープし、

図4-7 ▶ 基点と動点の役割

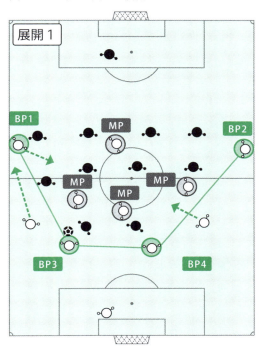
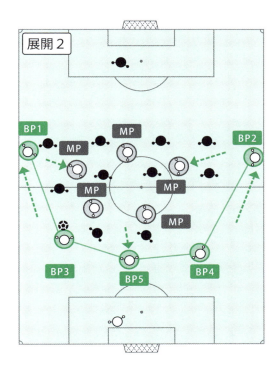
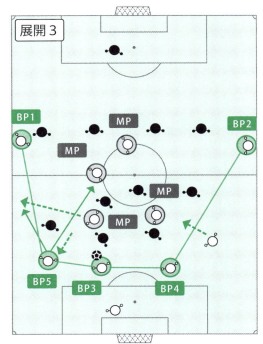

BP　Base Point：基点

MP　Moving Point：動点

「動点」の選手がボールサイドに動いて、ボールのある局面で数的優位を作り、インナーゾーンへのパスコースを作って崩していきます。センターフォワードは、キャスティングからウェービングの段階では、下がって「動点」になり、中央に数的優位を作ることもあります。その際には、前述したように、サイドの選手が深さを保ちます。

「基点と動点」の関係でポジションをとってプレーするのは、キャスティングからウェービングの段階で有効となります。ウェービングからガスの段階では、モビリティの原則にあるユニットを組んでプレーしていきます。また、シャンクが狙える位置、つまりセンターフォワードの位置に、必ず1人は入る必要があります。

選手が変化に対応できるための型

一般原則は、プレーモデルの核です。

よくミーティングで守備の戦術を話すと、守備のときのポジションを気にして、攻撃のときに自由に動けなくなる選手がいます。しかし、守備の優先順位を伝え、ボールを失って守備になったら「誰でもいいから、守備の優先順位の高いところからポジションを埋めていけ」と言うと、攻撃のときに、守備のポジションに後ろ髪引かれることなく、思いきって攻撃に出ていけるようになります。

また、ポジショニングの原則を伝えることで、「自分は今、関係ない」と傍観者だった選手の意識が変わり、すべての選手がそれぞれの役割を常に意識して、試合に参加できるようになります。

これらは、展開の変化に、相手よりも早く対応できるようになるための「型」と言えるものなのです。

③ モビリティの原則
相手のバランスを崩して、スペースと数的優位を作り出す

モビリティの原則は、主にウェービングからガスにかけての段階で、相手の守備のバランスを崩し、スペースと数的優位を作り出すためのものです。相手がバランスよく守ってスペースを消し、縦に前進していくコースを防いでいるときは、効果的に動いて相手のバランスを崩し、スペースを再生していく必要があります。また、局面に数的優位を作ることも大切です。

モビリティの原則は、次の２つで構成されています。

① 相手の守備ラインを動かす
② ユニットを組んで動く

ウェービングからガスにかけては、ポジショニングの原則に従ってポジションをとったあとに、モビリティの原則に従って、効果的に動き、相手の守備組織を崩してゴールに向かっていかなければいけません。

1　相手の守備ラインを動かす

　自分たちがポジションをとって、3ラインを整えただけでは、相手も3ラインを保って、バランスよく守ることができます。それを崩し、相手の守備ラインを意図的に拡げたり狭めたりしながら、有効に活用できるスペースを作っていく必要があります。

　まず、「個人とグループの原則」にある「マークを外す動きの原則」に基づいて動き、ボールを受けるスペースを作り出します（図4-8：展開1）。

　次に、DFラインの背後を狙うことでDFラインを下げさせ、コンパクトな守備組織を広げます。そうすれば、守備ラインと守備ラインの間にスペースが生まれます。さらに、前後の選手が入れ替わることによって、相手守備の3ラインは乱れていきます（図4-8：展開2）。

　その結果、MFラインとDFラインの間にできるスペースのことを「エントレリニアス」と呼びます。このエントレリニアスでボールを受けることで、相手は、誰がボールへプレスをかけるかの判断が難しくなり、相手守備の3ラインに、さらに混乱を引き起こすことができます（図4-8：展開3）。

　岡田メソッドでは、ボール保持者に対してプレスをかけにきた守備者の背後にできるスペースのことを「ポケット」と呼んでいます。これもエントレリニアスの一種であり、相手の守備ラインに混乱を引き起こすために活用できるスペースで、特にサイドレーンでは有効です。

　また、専門原則にも入ってきますが、相手がHi Middleエリアでブロックを作ってプレッシャーをかけてくるときは、サイドバックがわざと下がらず、センターバックと同じレベルでボールを受けて相手を引き出し、ポケットを使います。

図4-8 ▶ 相手の守備ラインを動かす

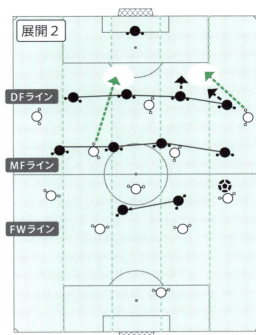

2　ユニットを組んで動く

　モビリティをうまく利用するためには、絶えずバランスを保ちながら、スペースを作り、埋め、利用する必要があります。しかし、すべての選手が一斉にバランス良く動くことは困難です。まず、ユニットを組んで動くことが重要です。

　第5章「個人とグループの原則」の「パッサーとレシーバーの原則」は、パスの出し手と受け手の関係ですが、ユニットは、「受け手同士の関係」になります。

　ユニットを組んで効果的に動くためには、動く前に、ユニットを組む選手同士がお互いを観て、意思疎通して関係を作っておくことが重要です。そして1人の受け手が、タイミングよく動き出すことでできたスペースに、もう1人が同じタイミングで動きます。まずは2人のユニットを作り、そこに1人、2人と加わっていけば、チームとして連動していきます（図4-9：展開1）。

　また、ユニットの動き方には、順序が2つあります。

　1番目の動き方は、「1stアタッカーが、DFラインの裏を狙い、2ndアタッカーが、足元で受ける動き」をすることです（図4-9：展開2）。この動き方をしたほうが、相手の守備組織が乱れ、背後にボールを出せなくても、足元でボールを受けることが容易になります。

　2番目の動き方は、1番目とは逆です。「1stアタッカーが、足元で受けるために下がり、2ndアタッカーが、1stアタッカーが空けたスペースを狙う動き」をします（図4-9：展開3）。最初に述べた、1stアタッカーが先に相手のDFラインの裏を狙う動き方のほうが、相手にとって脅威であり、かつ効果的です。

図4-9 ▶ ユニットを組んで動く

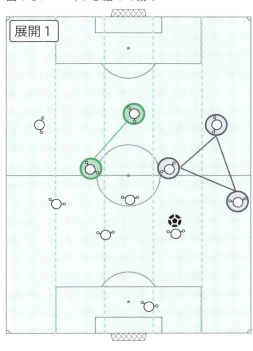

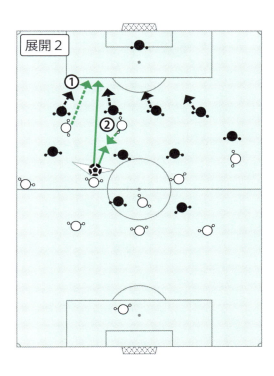

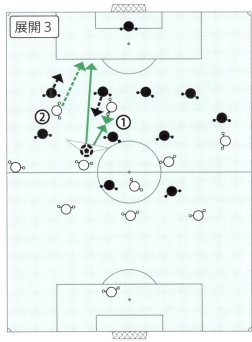

④ ボールの循環の原則
効果的にボールを動かす

　相手の守備組織の形成を遅らせ、バランスを崩すためには、効果的にボールを動かすことが必要です。そのための原則が「ボールの循環の原則」です。

　「ボールの循環の原則」は、次の3つで構成されています。

1. ボールを素早く動かす
2. 相手守備のライン間に、ボールを出し入れする（インナーゾーンを突く）
3. 攻撃するレーンを変える（相手が守っていないところから攻める）

　よいポジションをとってタイミングよく動いても、効果的にボールを動かすことができなければ、ボールをゴールに向かって前進させることはできません。すべての攻撃の段階において、「ボールの循環の原則」に従って、ボールを動かしていくことを意識しなければいけません。

1　ボールを素早く動かす

　ボールを素早く動かすことで、相手のロービングを伸ばし、守備ブロックの形成を遅らせ、ボールをゴールに向かって前進させることができます。

　そのためには、まず、1人ひとりのシンキングスピードを上げる必要があります。ボールを受ける前に、プレーの選択をしておき、1人ひとりのボールを持つ時間を短くします。もちろん、ドリブルの判断をしたときは、この限りではありません。

　そして、基本的にパススピードを上げて、相手の守備のスライドが追いつかないようにします。

　テンポとリズムを意識してパスをつなぐことも重要です。テンポは、パスを刻む速さのことで、相手がついてこられないような速いテンポでパスをつないでいくことが大切です。リズムは、パスを刻

図4-10 ▶ ボールを素早く動かす

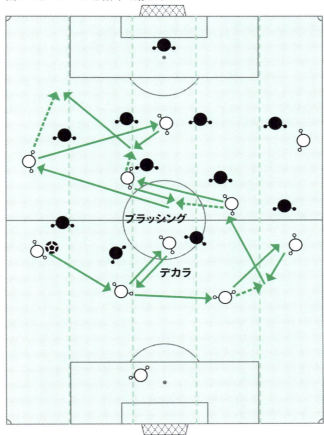

む規則性のことです。一定のリズムから変化を加えて、アクセントを付けると、相手の守備は混乱します。

　こうしたことを実践するためにも、パスをしたらサポートをすることを繰り返します（パス＆サポート）。パスを出したあとにプレーを止めてしまったら、パスコースが減り、ボール保持者の選択肢が減ります。

　岡田メソッドでは、パスを出したあとにパスした方向に動いて、リターンパスを受ける一連のパス交換のことを「ブラッシング」と呼んでいます。ブラッシングを効果的に使えば、素早くボールを動かすことができ、ボールを動かすテンポとリズムがよくなります（図4-10）。

2　相手守備のライン間に、ボールを出し入れする（インナーゾーンを突く）

　アウターゾーンでボールを横に動かしているだけでは、相手の守備を崩すことはできません。なぜなら、相手は、ローピングの距離を一定に保ちながら、横にスライドするだけで対応できるので、守備組織を維持するのが容易だからです。

　それに対して、インナーゾーンへ縦パスを入れ、ボールを前後に動かすと、どうなるでしょう？　相手の守備は、ローピングを縮め、守備ラインを前後に動かされるので、スライドが遅れます。そして、守備のライン間にスペースができ、守備組織に穴をができやすくなるのです（図4-11）。

　また、インナーゾーンへ縦パスを入れることで、相手の視野が悪くなります。相手はマークとボールを同一視することが困難になるため、マークを外すことが容易になります。

　しかし、縦パスを出すときには注意が必要です。なぜなら、縦パスは、ボールを失うリスクを伴うからです。縦パスばかりを狙っていたら、ボールを失う回数が増えます。しかし、横パスだけをしていても、相手の守備組織に混乱を与えることができません。大切なのは、横パスと縦パスを効果的に組み合わせていくことです。

図4-11 ▶ インナーゾーンを突く

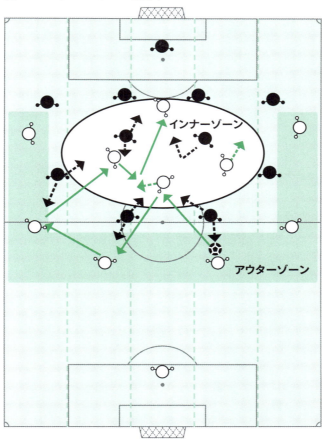

3 攻撃するレーンを変える（相手が守っていないところから攻める）

相手のゴールへ向かって前進する際に、個の優位性などで同じサイドを突破できないときは、相手の守っていないレーンから攻めることが必要です。その場合には、効果的にサイドチェンジを行います。スペースのあるレーン、もしくは有利なレーンへと転換するのです。ボールを動かすことで、相手は守備組織をスライドすることを強いられ、各自のポジションから動かざるをえない状況が生まれます。そのときに、空いたレーンからボールを前進させていきます。

サイドチェンジをするときは、ボールをアウターゾーンで回すのではなく、一度インナーゾーンへボールを入れて、相手を引き寄せてからサイドを変えることを意識します。また、ショートパスとロングパスを組み合わせると効果的です（図4-12）。

図4-12 ▶ 攻撃するレーンを変える

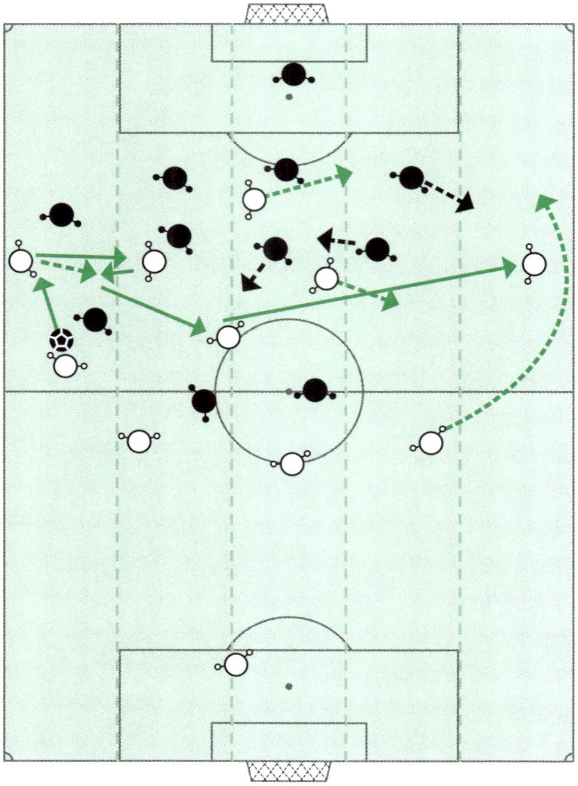

5 個の優位性の原則
相手に対して優位性のある選手を使う

　ここまで、チームとしての基本となる一般原則の説明をしてきました。

　試合では、チームとしてプレーするなかで、選手個人の能力を活かして局面を打開し、チームが有利になるようであれば、それに越したことはありません。チームとしての原則を重視しますが、優れた個の力を否定するものではありません。

　つまり、相手との力関係で、優位性のある選手を効果的に使うこともチームプレーの1つです。そのことを「個の優位性の原則」として整理しています。この原則には、次の2つがあります。

① 相手より優位性の高い選手を意図的に使う
② 優位性のある選手を使うと見せかけ、守備が薄くなったところを使う

1　相手より優位性のある選手を意図的に使う

　拮抗した試合では、チームとして、相手より優位性の高い選手を意図的に使って、そこから攻撃の糸口を作ることも重要です。

　たとえば、右サイドにスピードがあって突破力の高い選手がいたとします。その場合、意図的に左サイドに攻撃の起点を作り、相手を集めておいてから、サイドチェンジで右サイドを使うのです。そうすれば、右サイドにいる優位性を持った選手を有効に使うことができます。

　ロシアW杯での日本対ベルギー戦で、ベルギーが途中交代で、長身の選手を2人使ってきたのも、個の優位性を意図的に使った典型的な例です。

2　優位性のある選手を使うとみせかけ、守備が薄くなったところを使う

　1とは逆に、優位性のある選手を使うと見せかけて、守備が薄くなったところを使うのも効果的です。

　優位性のある選手は、相手を引きつけるという強みもあります。たとえば、メッシのドリブルです。メッシがドリブルを始めると、それだけで相手が引きつけられるので、フリーな選手が生まれます。

　また、メッシにドリブルをされると危険なので、ボールを受けさせまいとマークを厳しくしてくるので、それがスペースを生みます。そこを、他の選手がうまく使えば、効果的なプレーができます。

2　守備の一般原則

　では、守備の一般原則を見ていきましょう。次の5つの原則から成り立っています（図4-13）。

図4-13 ▶ 守備の一般原則

① 守備の優先順位	守備の目的から逆算したプレーをする
② ポジショニング	スペースを消し、選手間の適切な距離を保ち、位置的優位性を作る
③ バランス	適切なポジショニングを保ちつづけ、スペースを与えない。または、マークを自由にさせない
④ プレッシング	相手に規制をかけ、数的優位を作り、ボールを奪う
⑤ 個の優位性	相手に対して優位性のある選手で抑える

　この原則では、守備の優先順位を考えながらゴールを守り、ボールを奪うことを目指します。そのためには、チームとして「適切にポジションをとること」「相手の攻撃に対してバランスをとりつづけること」「チャンスを逃さずにプレッシングをかけること」を行うことが必要です。また、個の優位性を活かして、局面を有利に闘うことも必要になってきます。

　なお、守備の一般原則は、「ゾーンディフェンスの方法」を基に説明しています。もう1つの守備の方法として、第6章「専門原則」の中に「マッチアップディフェンスの方法」があります。

1 守備の優先順位の原則
守備の目的から逆算したプレーをする

　守備の目的から逆算してプレーをするための原則です。この原則では、守備の優先順位と守るべきスペースを6つに分類し、それらと関連づけて理解しやすくしています。

　共通原則の守備の局面で説明したように、守備の場合は「自チームに主導権があるのか」「相手チームに主導権があるのか」で、優先される守備の目的が変わってきます。したがって、守備の優先順位も同じようになります。

　「自チーム」に主導権がある場合の守備の優先順位は、次のようになります。

　① ボールを奪う
　② 相手を自由にさせない
　③ 攻撃を遅らせる
　④ ゴールを守る

　「相手チーム」に主導権がある場合の守備の優先順位は、次のようになります。

　① ゴールを守る
　② 攻撃を遅らせる
　③ 相手を自由にさせない
　④ ボールを奪う

　そして、「ゴールを守る」という目的の場合は、6つに分類した守るべきスペースを、優先順位に沿って埋めていくことが重要です。図4-14では、守るべき優先順位が高いスペースから「1」をつけています。最も危険な場所、つまり失点に直結するスペースから埋めていきます。

　また、ボールを奪いにいってかわされたときや、カウンターを受けたときは、自分のポジションに戻るのではなく、誰でもいいので

図4-14 ▶ 6つのスペース

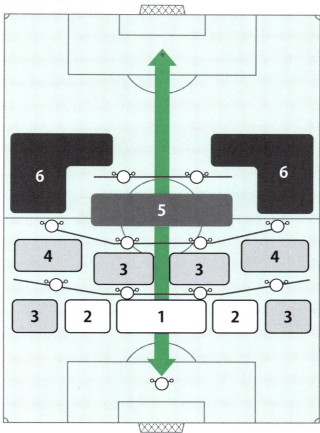

この優先順位の高いスペースから埋めていきます。
　ここで説明してきたことは、第5章「個人とグループの原則」にある「パスコースを消す優先順位の原則」とも関連してきます。

2 ポジショニングの原則
スペースを消し、選手間の適切な距離を保ち、位置的優位を作る

　ゴールを守るにしてもボールを奪うにしても、適切なポジションからプレーを始めなければいけません。チーム全体でポジションをとり、相手が使えるスペースを消し、位置的優位性を作っていくことが重要です。

　守備のポジショニングの原則は、次の2つで構成されます。

1. ローピング
2. エリアに応じたポジショニングと役割

　守備の段階では、ポジショニングの原則をもとに守備組織を形成して、相手の攻撃を前進させないようにします。

1　ローピング

　ローピングとは、味方同士が、ロープでつながれたような関係になり、つながっている選手が動くと、ロープで引っ張られるように次の選手も動くことを意味しています。

　選手たちがバラバラに守備をするのではなく、誰と誰がつながっているかを事前に確認して、ロープでつながっている選手でラインを作ります。その中で、距離が離れすぎてロープが切れないように連動し、チャレンジ＆カバーを繰り返して、ラインを越えられないように守備をします。

　そこで注意したいのは、ロープが切れて選手間の距離が遠くなったり、平行に並んでしまったりして簡単にインナーゾーンにパスを通されることです。ただし、インナーゾーンへのパスコースを消すことだけに集中して、自分のマーク相手に、簡単に外側を越えていかれるのも避けなければいけません。

　そのためには、FW、MF、DFの選手ごとにラインを形成して、各ライン間を適切な幅に保ちながら、自分たちのラインを越えていかれないようにファーストポジションをとります。ゾーンディフェンスのファーストポジションは、次の順番で決定されます。

① ボールの位置
② 味方の位置
③ 相手の位置

　ディフェンスで最も重要なのは、ボールの位置です。ボールより相手側にいれば守備はできません。また、ゾーンディフェンスでは、ロープでつながれた味方の位置で、自分の位置が決まります。その位置から自分のマークに合わせて、ポジションの微修正をします（ちなみに、マンツーマンディフェンスでも、最も重要なのは、もちろんボールの位置ですが、次は、自分のマークである相手の位置がきます）。

　基本的には、FW、MF、DFの選手ごとに、ロープで結ばれた

ように動きますが、必ずしも攻撃のフォーメーションと、守備のときにロープでつながれてラインを形成する選手が同じである必要はありません。それは決めごとです。

たとえば、4-1-2-3のシステムで攻撃しているチームが守備に入ったときに、こちらはDF4人-MF3人-FW3人をそれぞれロープでつなぐ場合もあれば、DF4人-アンカー1人-MF4人（両サイドのアタッカーが下がる）-FW1人をそれぞれロープでつなぐ（1人のところはロープでつながれない）場合もあります。

大切なのは、守備に移ったときに、誰と誰が結ばれてローピングを形成するかを、チームとして明確にしておくことです。そうすれば、ロープで結ばれた選手同士が連動してポジションをとることが可能になります。

こうしてファーストポジションが決まったら、自分のマークにボールが来たら素早くアプローチをかけ、パスをされたらカバーリングに戻ることを繰り返します（図4-15：展開1〜2）。

この場合は、必ずしもボールを奪いにいくアプローチではありません。相手に自由にプレーさせないことが大切です。もちろん、相手のコントロールミスなどでボールを奪うチャンスがあれば、逃してはいけません。

図4-15 ▶ ローピング

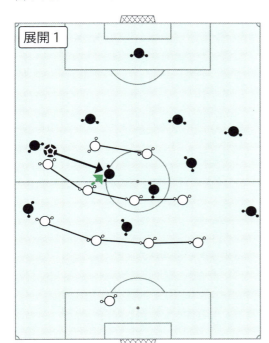
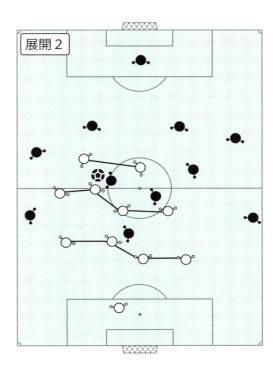

2　エリアに応じたポジショニングと役割

　ここまで説明してきたように、3ラインを形成することでスペースを消し、選手間の適切な距離を保つことができます。さらに、ボール保持者から3つのエリアに応じてポジションをとり、エリアに応じた役割を果たすことが重要になります。

　各エリアの区分は次のとおりです（図4-16）。

　第1エリア：　直接ボールに関与するエリア
　第2エリア：　直接ボールに関与し、かつ間接的にプレーに関与するエリア
　第3エリア：　間接的にプレーに関与するエリア

　このように、ボールを中心に、第1エリアから第3エリアに応じてポジションとります。そして、相手がボールを前進させようとするのを防ぎ、ボールを奪いにいくチャンスを作ることを目指していきます。その際には、各エリアの選手が次のような役割を果たしていきます。

第1エリア

　つねに、ボール保持者に顔を上げさせないようにアプローチし、パスを自由に出したり、状況判断したりするのを阻止します。つまり、局面を打開できない、あるいは、ボールを動かせない状態にすることです。

　さらに、チャンスを逃さずに、ボールを奪いにいきます。このエリアで数的優位を作れば、ボールを奪える可能性が高まります。

第2エリア

　第1エリアからボールを出させないようにします。そのために、マークした相手選手の横、または半歩前に入り、パスコースを消します。

図4-16 ▶ エリア区分

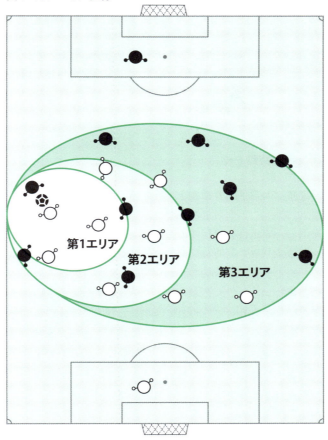

第3エリア

　背後を突かれて失点しないように注意します。また、ラインをコントロールして、コンパクトフィールドを保つようにします。

　エリアに応じたポジショニングは、レディの段階で守備組織を作るときのポジショニングとしても必要ですが、スイッチの段階で、チーム全体でボールを奪いにいくときのポジショニングとして、さらに重要になってきます。

③ バランスの原則
適切なポジションを保ちつづけ、スペースを与えない。または、マークを自由にさせない

　ポジショニングの原則によってチームでのポジションが決まります。そして、バランスの原則によってチームで安定した守備組織を作ることができます。

1　ライン間の距離を維持する

　同一ラインの選手間の距離を維持するのと同様に、異なるライン間（深さ）でも、ライン間の距離（3ラインが25mから30mの範囲）を保ち、安定性を維持する必要があります。そのことによって、ライン間のスペースを消し、相手にラインの間を使われないように防ぐことができます（図4-17：展開1）。

　そのためには、DFラインが完全に止まってしまわないように、ボールの動きに合わせて、つねにラインコントロールする必要があります。長い横パスやバックパスなどで相手がボールを前にフィードできない状況のときに、DFラインを押し上げるのです。それによって、ライン間のスペースを消すとともに、相手のFWを自陣に戻らせることができます。この場合、オフサイドをとることが目的ではなく、オフサイドというルールを利用してコンパクトフィールドを作ることが目的です。その結果、オフサイドがとれたらラッキーという考え方です（図4-17：展開2）。

　また、相手が前にフィードできる状態になる瞬間に、体を半身にして2～3歩ぐらいバックステップをして、裏のスペースへ走り負けない準備をします。

　それとともに、コーチングによって、前の2ラインをコントロールしなければなりません。DFラインを押し上げたときに、MFラインが吸収されてはいけません。そして、DFラインを押し上げることによってできる最も危険なDFラインの裏のスペースは、GKもケアしなくてはなりません。

　逆に、ボールが自陣にあるときは、MFやFWのラインも下がって、コンパクトフィールドを作ることが必要です（図4-17：展開3）。

図4-17 ▶ ライン間の距離を維持する

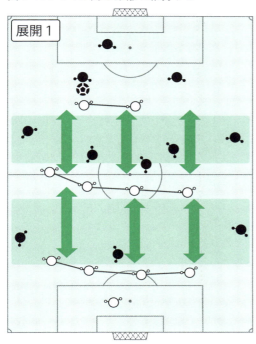
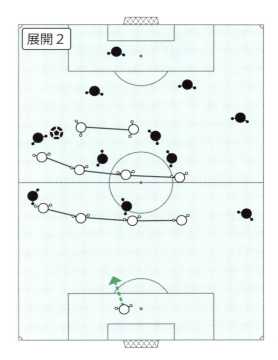
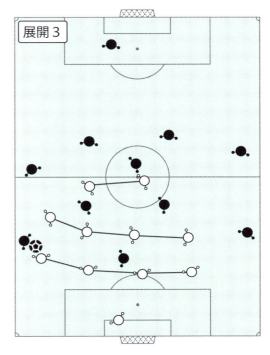

　MFラインが下がらなければ、DFラインとMFラインの間のスペースを使われてピンチを招きます。FWのラインは、どこまで下がるかはチーム戦術によって異なりますが、MFラインとFWラインの間にいる相手へのケアはしなければいけません。

④ プレッシングの原則
相手に規制をかけ、数的優位を作り、ボールを奪う

　プレッシングとは、チーム全体で積極的にボールを奪いにいくことです。チーム全体で安定した守備組を作れれば、相手に規制をかけ、ボールを奪いにいくことができます。その際には、「プレッシングの原則」に基づいて、チーム全体でリンクしてボールを奪いにいくことが必要です。
　プレッシングの原則は、次の3つで構成されています。

1. 前線からの規制（レーンを変えさせない）
2. ボールを奪いにいくスイッチを入れる
3. 全体でリンクして、ボールを奪いにいく

　スイッチの段階では、プレッシングの原則を基に、ボールを積極的に奪いにいきます。ただし、その前のレディの段階で、ポジショニングやバランスの原則にしたがって、安定した守備組織を構築し、相手の攻撃を予測できる状態にしておく必要があります。
　レベルの高い相手に対して、やみくもにボールを奪いにいけば、プレッシングをかわされてしまいます。一方で、守備組織だけを作って守っていても、ボールは奪えません。つねに、ボール保持者にアプローチし、ボールを奪うチャンスを逃さないことが重要です。

1　前線からの規制（レーンを変えさせない）

　まず、チームとして、相手との力関係や、相手のプレースタイルを見きわめ、相手の攻撃を規制するラインを決めておきます。ただし、相手のミスを見逃さずに、いつでも規制をかける準備はしながら、相手を牽制します。また、この規制のラインは、時間帯や得点差など試合の状況によって変化します。
　基本はインナーゾーンを消しながら、相手をサイドに追い込むことです。基本的に縦にパスをさせないで、横パスをさせて、規制をかけていきます。ボールとゴールを結んだライン上から規制をかけ

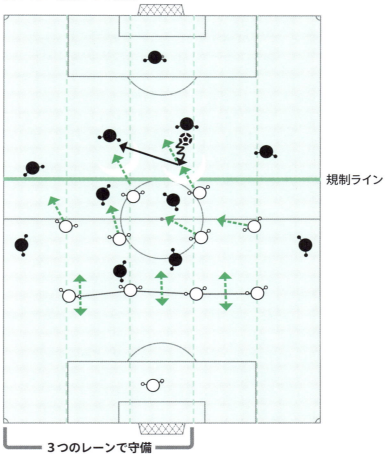

図4-18 ▶ 前線からの規制

規制ライン

3つのレーンで守備

ます。はじめからワンサイドカットで規制をかけてしまうと、縦パスを入れられてしまう危険性があります。規制をかけたら、レーンを変えさせないように、ワンサイドカットをしていきます（図4-18）。

3つのレーンで守備ができる状態になれば、ボールを奪う可能性は高まります。前線の選手がボールに規制をかけているときに、DFラインの選手はラインをコントロールして、相手のFWと駆け引きをしておきます。

2　ボールを奪いにいくスイッチを入れる

　前線での規制の状況を観ながら、ボールを奪いにいくチャンスを逃さずに、狙い目をもって、主にサイドで厳しくアプローチにいきます（図4-19）。つまり、レディの状態からスイッチへとチームが移行します。このときスイッチで最初にボールにアプローチする1stDFのことを「スイッチャー」と呼びます。

　スイッチャーは中へのパスコースを切る振りをして、ボール保持者が判断を変えられなくなったとき（視線が落ちた瞬間など）に、アプローチをスタートすることが大切です。このスイッチャーのアプローチのタイミングと迫力が、とても重要です。

　ボールを奪いにいくスイッチを入れるタイミングは、次のようなものです。

- 相手が、怖がっている
- ボール保持者に規制がかかって、パスコースが限定されている
- 相手のパスの質が悪い（ゆるい横パスや、長い横パスなど）
- パスを出す選手の視野が狭い（ヘッドダウン、後ろ向き）
- ボールを受ける選手の視野やサポートが悪い
- ボールを受けた選手のコントロールが悪い

　スイッチを入れると、味方のDFラインも思い切って押し上げ、前でのパスカットを狙います。だからよく観察して、相手が自分たちのDFラインの裏にパスが出せない状況を逃さずに、スイッチを入れていく必要があります。

図4-19 ▶ ボールを奪いにいくスイッチを入れる

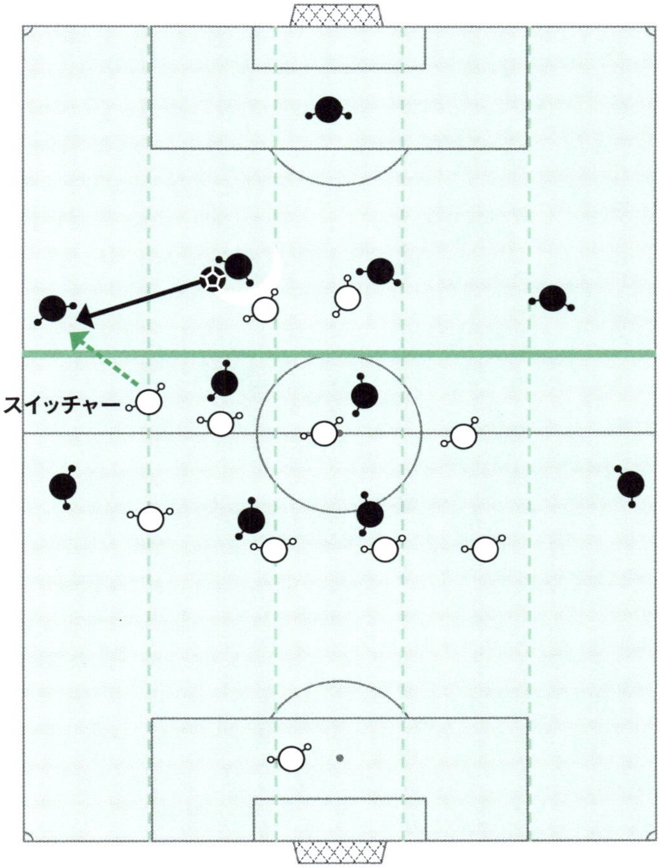

スイッチャー

3　全体でリンクして、ボールを奪いにいく

　スイッチャーのスイッチを観て、全体がリンクして押し出していく必要があります。全体がリンクしなければ、プレスをかわされてピンチを招くおそれがあります。

　他の選手はマークを捨てて、前にプレッシャーをかけにいきます。そしてチーム全体が、ポジショニングの原則で説明した「エリアに応じたポジショニングと役割」に従ってプレーをしなければなりません（図4-20）。

　またオフサイドのルールを利用して、DFラインも押し上げます。そして、GKも前に出て、DFラインの裏のスペースをケアします。

　一度、スイッチ＆リンクをしたら、ボールを奪いきることです。マークの前に入ってインターセプトを狙ったり、マークを捨ててボール保持者に対して数的優位を作ったりして、ボールを奪います。

　また、ボールを縦に入れられたときには、ボールより前方の選手がプレスバックをして、ボール保持者を挟み込むのも有効です。

　そして、ボールを奪ったら、素早く攻撃に切り換えます。まずは、カウンターアタックを狙います。それができなければ、攻撃の態勢を整えるために、適切なポジションをとります。

　ボールを奪いきれなかったときは、守るスペースの優先順位に従って、自分のポジションに関係なく、下がりながらスペースを埋めます。そして、相手の攻撃を遅らせて、守備組織を再構築します。

　ボールを奪いにいける組織ができたら、再びプレッシングをかけるチャンスを作っていきます。ボールを奪いにいく組織ができなければ、いったんゴール前を固めて、ゴールを守りながら、相手を押し戻します。

図4-20 ▶ 全体でリンクして、ボールを奪いにいく

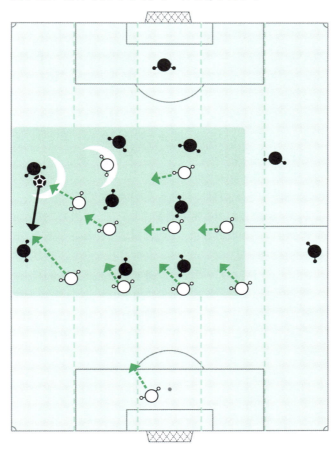

5 個の優位性の原則
相手に対して優位性のある選手で抑える

　攻撃と同じように、守備においても、原則以前に個の優位性で相手を抑えられれば、それに越したことはありません。我々は個の力を尊重しています。

　時には、意図的に個人の能力を使って、局面に打ち勝ったほうがよい状況もあります。つまり、相手との力関係で、優位性のある選手を効果的に使うことも、チームプレーとして重要です。

　試合の中で、相手のストロングな選手に対して、個の優位性のある選手を意図的に対応させて抑えることも必要です。

　たとえば、突破力のある相手選手に対して、1対1に強い選手を対応させたり、高さのある相手FWに対して、高さのあるDFを対応させたりします。

　なんとしても相手のストロングな選手を抑えたいときは、マンツーマンで対応させることもあります。相手のキープレーヤーに対して、完全にマンツーマンをつけて、相手も味方も殺してしまう。つまり、この2人をいないものとして、残りのフィールドプレイヤー9対9で戦うといった方法をとることもあります。

chapter 5

岡田メソッドとは	1
プレーモデルの意義と全体像	2
共通原則	3
一般原則	4
個人とグループの原則	5
専門原則	6
ゲーム分析とトレーニング計画	7
コーチング	8
チームマネジメント	9

> 第5章
> 個人とグループの原則 —— 個人のプレーの基本

　チームとしてのプレーの目的を達成するために、個人としても「いつ、どこで、どのようなプレーをしたら効果的か」を考えてプレーすることが重要です。そのための「プレーの基準」「判断の材料」が、個人とグループの原則として、攻撃は9つ、守備は7つあります。それをまとめたのが次の図5-1です。

図5-1 ▶ 攻撃の原則、守備の原則

攻撃
1. 認知（観る）の原則
2. パスと動きの優先順位の原則
3. ポジショニングの原則
4. サポートの原則
5. パッサーとレシーバーの原則
6. マークを外す動きの原則
7. ドリブルの原則
8. シュートの原則
9. インテリジェンスの原則

守備
1. 認知（観る）の原則
2. パスコースを消す優先順位の原則
3. マークの原則
4. アプローチの原則
5. 1対1の対応の原則
6. チャレンジ＆カバーの原則
7. インテリジェンスの原則

　ここまで説明してきた、「共通原則」「一般原則」が、サッカーの全体像になります。サッカーのコーチングにおいては、まずはしっかりと全体像を捉え、全体像から逆算してコーチングしていく必要があります。そして、その全体像の中で、これから説明する個別的要素である「個人とグループの原則」を捉えることで、サッカーを体系的に整理して伝えることができるようになります。それができなければ、コーチングが無計画になり、効果的に伝えることはできません。

　また、個人とグループの原則を積み上げていけば、ボールを持っ

ている選手（ON）と、ボールを持っていない選手（OFF）が、連鎖的に結びついてグループになり、チームになっていきます。このような個別的要素を積み上げ、全体像へつなげていくコーチングのアプローチも必要です。

　また、試合での1つ1つのプレーは、「判断」「インテリジェンス」「テクニック」「リレーション」の4つの要素から構成されています（図5-2）。これら4つの要素は、「個人とグループの原則」と深く関連しており、効果的にプレーするためには、個人とグループの原則をサッカー選手の土台として身に付けさせることが重要です。

図5-2 ▶ プレーを構成する4つの要素（第1章：図1-2の再掲）

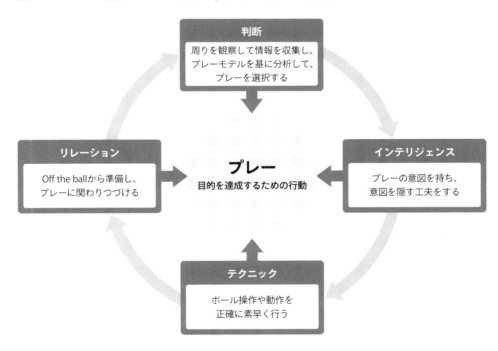

1 攻撃の個人とグループの原則

攻撃の個人とグループの原則には、次の9つの原則があります（図5-3）。

図5-3 ▶ 攻撃の個人とグループの原則

①	認知（観る）の原則	状況を観察して、分析のための情報を収集する 1　何を観るか 2　いつ観るか 3　どのように観るか
②	パスと動きの優先順位の原則	ゴールを奪うことから逆算したプレーをする 1　パスの優先順位に従って、パスコースを選択する 2　パスを受ける動きの優先順位に従って、ボールを受ける動きをする
③	ポジショニングの原則	グループでも有利にプレーできる位置をとる 1　前向きのトライアングルを形成する 2　横向きのトライアングルを形成する 3　ダイヤモンドシェイプを形成する
④	サポートの原則	直接ボールに関与できる選手が、味方を助け、パスを受ける 1　意図的にサポートする 2　状況の変化に応じて、サポートの意図を変える
⑤	パッサーとレシーバーの原則	パッサーとレシーバーの意図を合わせる 1　意図的にボールをコントロールする 2　意図的にパスを出す 3　パスを出し、受けるタイミングを意図的に合わせる
⑥	マークを外す動きの原則	自分のマークを外して、フリーでボールを受ける 1　自分のマークと、視野と視野の闘いをする 2　パスを受けたいスペースを空ける 3　パッサーとレシーバーの原則に従って、タイミングよく動き出す
⑦	ドリブルの原則	自らボールを運び、局面を有利にする 1　つねに選択肢を持ちながらボールを運ぶ 2　意図的にドリブルをする 3　状況に応じて効果的に使う
⑧	シュートの原則	チャンスを逃さずにシュートを打ち、決める 1　シュートを意識してプレーする 2　意図的にシュートを打つ
⑨	インテリジェンスの原則	プレーの意図を持って、プレーの意図を隠す工夫をする 1　相手に予測させない 2　相手に予測させて、逆をつく

1 認知（観る）の原則
状況を観察して、分析のための情報を収集する

状況に応じて効果的にプレーするためには、今どういう状況なのかを理解できていないといけません。そのためには、何をどう観るのかが重要です。それによって得られた情報を、プレーモデルに基づいて分析し、プレーを選択／実行するというプロセスを経ることが重要です。

図5-4 ▶ 認知・分析・選択・実行のプロセス

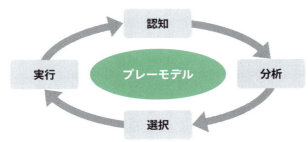

図5-4のプロセスのなかで、情報を収集するための「認知」の部分は、サッカー選手として非常に重要な能力の1つです。

「認知の原則」では、周りの状況を観察するためのポイントを整理しています。「何を、いつ、どのように観察するか」のポイントが明確になれば、必要な情報を収集することが容易になります。

① 何を観るか

- ゴール／攻撃の方向
- ボール保持者の状況
- 味方の状況（お互いを観ておく）
- 相手の状況（変化）
- スペースの状況

② いつ観るか

- ボールを受ける前
- ボールの移動中
- ボールを受けたあと
- プレーしたあと

③ どのように観るか

- 身体の向きを整える（図5-5）
- 周りを観る（Look around）
- 遠くを観て、近くを観る（第3エリアから第1エリアを意識）

トレーニングの中では、それぞれの選手に、「何を」「いつ」「どのように」の3つを指導すべきです。しかし、この中の1つか2つ

図5-5 ▶ 視野が悪い状態・良い状態

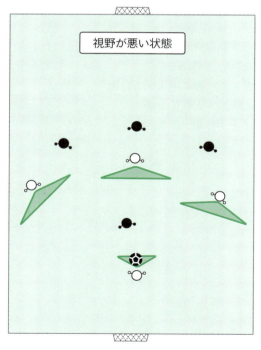
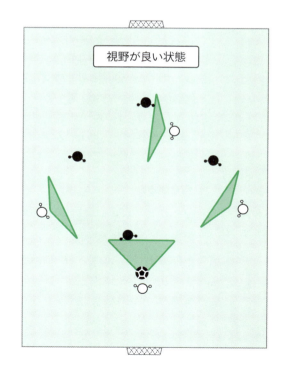

しか指導していないことが多い気がします。

「今日は特に、相手のポジションをボールを受ける前に、第3エリアから第1エリアにかけて観てみよう」

というようなテーマを持たせるのもいいでしょう。そして、しっかりと観て状況を把握できるようになると、上空から試合を観ているように、全体像が頭に描けるようになります。

小さな選手でも活躍できる理由

スペインの元代表選手のイニエスタやシャビは、つねに周りを観て状況を把握しているので、あれほど小さな体でフィジカルが強くなくても、トップレベルでプレーができます。

日本の選手の中には、試合が始まって15分ぐらいたっても、相手が4バックなのか3バックなのか、または1トップなのか2トップなのか、わかっていない選手がいます。

中田英寿選手や遠藤保仁選手は、ピッチの中にいながら、テレビで見ているように味方と相手の状況を把握しています。だから、それほど難しいことはせず、シンプルで最も効果的なプレーができるのです。

すぐには彼らのようになれないかもしれませんが、ここに書かれている要素を、トレーニングや試合で実践してみましょう。

たとえば、

「今日は、相手の状況を見よう」
「どこにスペースがあり、どこがウィークポイントか」
「身体の向きを整えよう」

といったことを意識して取り組めば、十分に成長できます。

2 パスと動きの優先順位の原則
ゴールを奪うことから逆算したプレーをする

ゴールを奪うことから逆算したプレーをするために、個人として実行すべき原則です。次の2つがあります。

1. パスの優先順位に従って、パスコースを選択する
2. パスを受ける動きの優先順位に従って、ボールを受ける動きをする

1　パスの優先順位に従って、パスコースを選択する

パスの優先順位は、そのパスによって、何人の相手をボールよりも後方に置き去りにするかによって決まります。置き去りにする相手の人数が多いほど優先順位が高くなります。パスの優先順位は、次のようになります（図5-6）。

① DFの背後へのパス（置き去りにする相手→10人）
② 縦へのパス（→6人）
③ 横へのパス（→2人）
④ 後ろへのパス（→0人）

最初に、相手DFの背後へのパスを狙います。そうすれば、相手は背後のスペースをケアしてきますので、次に狙うのは足元への縦パスです。縦パスが入れば、味方は前を向いた状態でサポートすることができます。

一方で、置き去りにされた守備者は、ボールとマークを同一視することができなくなり、自分のマークを見失う可能性が高くなります。縦にパスを入れられないときは、仕方がないので、斜め前方や横へのパスを選択します。そのパスで相手をボールより後ろに置き去ることはあまりできませんが、ボールを失うよりはましです。

上記①〜③の3つのパスが狙えなければ、後方へのパスを選択します。攻撃をリセットして方向を変えるときや、ボールを失わな

図5-6 ▶ パスの優先順位

いために使います。

　すべてのパスを、相手の背後や縦方向に出すことはできませんが、つねにそこを狙うことで、他のパスコースが空いてきます。その状況を観察して、パスコースを選択していくことが重要です。

2　パスを受ける動きの優先順位に従って、ボールを受ける動きをする

　パスを受ける動きもゴールからの逆算です。パスを受ける動きの優先順位は、次のようになります（図5-7）。

① ボールより前方で、相手の背後を狙って受ける
② ボールより前方で、前向きに受ける
③ ボールより前方で、相手ゴールを背にして足元で受ける（引いて受ける）
④ ボールと同じレベルか、または後方で受ける

　最初は、マークの背後でパスを受ける動きをします。背後が狙えない場合でも、できるかぎりパスを前向きに受けられるように、体の向きを変えるなどして、適切なポジションをとります。
　しかし、試合中に、ボール保持者にプレスがかかって余裕がない場合などは、相手ゴールを背にして、足元でパスを受けたり、引いてきてボールを受けたりせざるをえません。

　パスの優先順位と、パスを受ける動きの優先順位を考慮しながら、パッサーとレシーバーは、判断を共有しなければなりません。ボール保持者が前方にパスを出せる状態で、なおかつ、受け手がボールより前方で前を向いて受けられる状況なのに、意図もなくパスを受けるためだけに引いてくる光景を、試合中によく見かけます。
　状況を観ることができ、個人としてパスと動きの優先順位の原則が理解できれば、ゴールを奪うことから逆算したプレーにつながっていきます。

図5-7 ▶ パスを受ける動きの優先順位

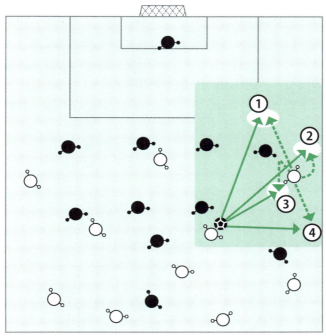

① ボールより前方で、相手の背後を狙って受ける

② ボールより前方で、前向きに受ける

③ ボールより前方で、相手ゴールを背にして足元で受ける（引いて受ける）

④ ボールと同じレベルか、または後方で受ける

3 ポジショニングの原則
グループでも有利にプレーできる位置をとる

　一般原則の「ポジショニングの原則」では、チーム全体でのポジショニングについて説明しました。その中で、「各ラインは一直線になるのではなく、状況に応じて段差を作ることで、より有利にプレーすることができる」と述べました。これは、個人とグループの「ポジショニングの原則」にも関連します。

　チーム全体でポジションをとるうえで、それぞれの局面においてグループとしてどのようにポジションをとるべきかについて、次の3つの原則があります。

　①　前向きのトライアングルを形成する（図5-8）
　②　横向きのトライアングルを形成する（図5-9）
　③　ダイヤモンドシェイプを形成する（図5-10）

　試合のさまざまな状況でトライアングルを形成しながら、さらに理想とするダイヤモンドシェイプを形成できれば、有利にプレーすることができます。

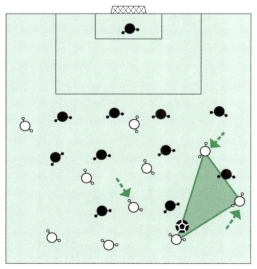

図5-8 ▶ 前向きのトライアングル

1　前向きのトライアングルを形成する

　前向きのトライアングルは、縦方向にパスコースがあるので、ボールを前進させるために有効です。

　また、縦パスに対して素早くサポートすることを可能にします。

　さらに、3人の関係を作ることで、ユニットで動くことにつながっていきます。

図5-9 ▶ 横向きのトライアングル

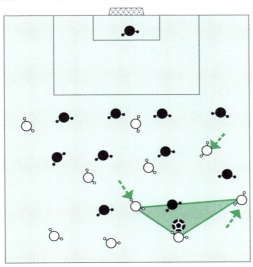

2　横向きのトライアングルを形成する

横向きのトライアングルは、横方向に2つのパスコースがあるので、ボールを保持するために有効です。

「サポートの原則」に基づいて、サポートの意図を選択することで、自分のマークや相手の守備ラインを越えることもできます。

図5-10 ▶ ダイヤモンドシェイプ

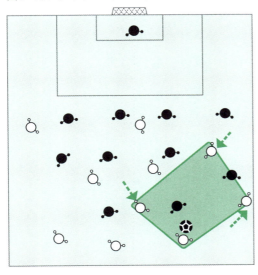

3　ダイヤモンドシェイプを形成する

2つのトライアングルを同時に形成すれば、ダイヤモンドシェイプになります。この形が理想です。局面において深みと幅ができることで、スペースを生み出し、相手の守備ラインに混乱を起こすことができます。

同時に自分たちは、コンビネーションプレーを生み出すことができ、ボールを保持しながら前進することが、さらに容易になります。

つねにダイヤモンドシェイプを作るのは難しいですが、状況に応じて2つのトライアングルを意識し、ポジションをとりつづけることが大切です。

全員がダイヤモンドシェイプを形成する意識を持っていると、味方のポジションを見ながら、ボール保持者に対して自分がどこにポジションをとるかがわかってきます。

4 サポートの原則
直接ボールに関与できる選手が、味方を助け、パスを受ける

ポジションをとるだけでは、ボールを保持して前進することはできません。ボール保持者を意図的にサポートすることが重要です。

サポートとは、ボールの近くで直接ボールに関与できる選手が、パスを受けようとするプレーのことです。状況に応じて効果的に味方を助け、パスを受けにいく必要があります。

サポートの原則には、次の2つがあります。

① 意図的にサポートする
② 状況の変化に応じて、サポートの意図を変える

1 意図的にサポートする

サポートの意図を理解しない（何も考えない）でパスを受けにいくのと、意図的にサポートをするのとでは、劇的と言っていいほどの差があります。一口にサポートといっても、その意図によって、次の3つに分けられます。

① サポート1：緊急のサポート（図5-11）
② サポート2：継続のサポート（図5-12）
③ サポート3：越えるサポート（図5-13）

ボール保持者へのプレスのかかり具合や、守備者の状況に応じて、サポートの意図を選択することが重要です。

① サポート1：緊急のサポート

ボール保持者が相手からプレスを受けて、ボールを失いそうな緊急事態のときに、ボールを失わず、攻撃をやり直すためのサポートです。緊急事態ですから、ともかくボールサイドに顔を出して、助けなければなりません。

しかし、それだけでは、パスを受けた選手が苦しい状況になるの

図5-11 ▶ サポート1：緊急のサポート

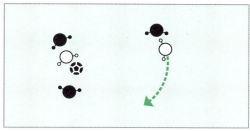

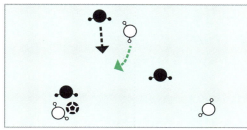

図5-12 ▶ サポート2：継続のサポート

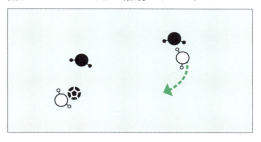

図5-13 ▶ サポート3：越えるサポート

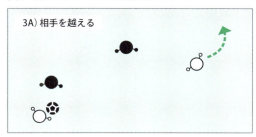

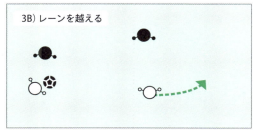

で、緊急のサポートをしている選手にパスをしたら、すぐにブラッシングでサポートし返して、局面を打開することが大切です。

また、同じような状況でも、第2エリアへのパスコースを作るために、第1エリアに意図的に相手を引きつけ、このサポートを使うこともあります。

② サポート2：継続のサポート

ボール保持者にプレスがそれほどかかっておらず、今すぐボールを失う危険はないが、ボールを前進させることができないときに、継続してパスをつなぎ、有利なスペースへ展開するためのサポートです。

この場合、あまりボール保持者に近づきすぎないほうが（離れながら受けるときもある）、展開がスムーズになります。このサポートを有効に使えば、ボールを保持している状態を継続させ、相手の守備を動かすことができます。

③ サポート3：越えるサポート

ボールを前進させたり、展開させたりするためのサポートです。このサポートは、使われる場面によって2つに分けています。

1つは、自分のマークや守備ラインを越えてパスを受け、ボールを前進させるときです。つまり、受け手のマークを縦に外す場合です。この場面で使われるサポートを、サポート3Aと呼んでいます。

もう1つは、レーンを横に越えてパスを受け、ボールを展開する場面です。つまり、受け手のマークを横に外す場合です。このサポートを、サポート3Bと呼んでいます。

2　状況の変化に応じて、サポートの意図を変える

　サポートに対して、相手もパスを受けさせないように対応してきます。また、ボール保持者の状況も変わってきます。その際には、一度選択したサポートの意図を、変化させていく必要があります。サポートする角度や距離も、調整しなければいけません。

　また、ボール保持者はパスをした瞬間に、すぐにサポートする（パス＆サポート）側に変わる必要があります。パスを出した選手は、直接ボールに関与できる可能性が高いわけですから、パスを出したあとにプレーを止めてしまえば、パスコースを1つ失うことになります（図5-14）。

　当然ながら、ボールが動くたびに、ボールに直接関与できる他の選手も、サポートを連続して続けます。

図5-14 ▶ パス＆サポート

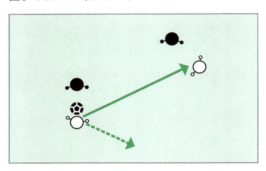

岡田メソッド［凡例と用語集］

凡例

- ○ 味方
- ● 相手
- ⚽ ボール
- →（実線） 味方のボールの動き
- --→（破線） 味方の動き
- 〜〜→ 味方のドリブル
- →（太線） 相手のボールの動き
- --→（太破線） 相手の動き
- 〜〜→（太） 相手のドリブル

（＊上記の3つは、本文では緑色）

用語集　（☞ は、本文の参照ページ）

1stDF……ボール保持者に対応する守備者　☞ 102, 164-165

1対1の対応の原則（守備の個人とグループの原則）……ボール保持者の自由を奪い、制限を加えるための原則　☞ 161-163

3ゾーン……自陣から相手陣に向けて、ディフェンディングサード（Dサード）、ミドルサード（Mサード）、アタッキングサード（Aサード）　☞ 53-54

3ライン……FW、MF、DFで形成する3つのラインのこと　☞ 68-69

5レーン……攻撃方向に向かって左から①〜⑤レーン。②〜④がセンターレーン、①と⑤がサイドレーン　☞ 55

G-A-G型トレーニングセッション……最初にテーマに対する全体像を意識させ、それを構成する部分的な要素に働きかけ、再び全体像を意識させるトレーニングセッション　☞ 225

Kゾーン……センターレーンのゴールから30mまでのゾーン　☞ 174

Kゾーンアタック……Kゾーンにシャンクを入れて、守備の変化を引き出し、それに応じてプレーを選択し、得点を狙うこと　☞ 177

PDCA……計画（Plan）→実行（Do）→評価（Check）→改善（Act）というプロセスで回すことで、作業や業務を改善する方法論　☞ 185, 208

あ

アウターゾーン……守備組織の外側　☞ 58, 74, 84-85

アクティブ（Active）……トレーニングセッションの導入パートで行う、テーマに対する意識的かつ身体的な準備　☞ 220

アナリティックトレーニング……サッカーの全体像を分解し、部分的な要素を取り出したトレーニング　☞ 220-221, 224-227

アプローチの原則（守備の個人とグループの原則）……ボール保持者にプレスをかけ、ボールを奪うチャンスを作りだすための原則　☞ 157-160

アングルエリア……ペナルティエリアの角のエリア　☞ 174

アングルステップ……さまざまなステップを使って、ボールを受けるアングル（角度）を変えることで、相手の視野から消える動き方　☞ 134

一般原則……チームとしてプレーするための基本となる原則。プレーモデルの構成要素の1つ　☞ 42-43, 第4章（64-）

インテリジェンスの原則（攻撃の個人とグループの原則）……プレーの意図を持って、プレーの意図を隠す工夫をするための原則　☞ 142-144

インテリジェンスの原則（守備の個人とグループの原則）……プレーの意図を持って、プレーの意図を隠す工夫をするための原則　☞ 167-168

インナーゾーン……守備組織の内側　☞ 58, 74, 84-85

ウェービング……人とボールが動いて、相手の守備組織を揺さぶり、ゴールに向かって進入するコースを作る段階　☞ 58

エクササイズ……トレーニングテーマを選手が習得し、向上するための運動。メニューやオーガナイズとも呼ぶ　☞ 32, 220, 224

エントレリニアス……MFラインとDFラインの間にできるスペース　☞ 78-79

岡田メソッド……主体的にプレーできる自立した選手と自律した組織を育てることを目的とした、サッカー指導の方法論の体系　☞ 20-21, 第1章（20-）

か

ガス……相手の守備組織を崩して突破し、ゴールへ向かう段階　☞ 58

カットバック……ニアゾーンのゴールライン深くまで切り込み、マイナス角度（ゴール前8番のスペース）に出すパス　☞ 176

基点……相手の守備組織の外側（アウターゾーン）に位置し、定石となってバランスを保つ選手　☞ 74-76

キャスティング……自陣から、安定したボール保持の状態で、相手陣にボールを運ぶ段階　☞ 58

共通原則……サッカーにおいて攻守の大前提となる、プレーの目的や仕組みに関する原則。プレーモデルの構成要素の1つ　☞ 42-43, 第3章（46-）

岡田メソッド ［凡例と用語集］

クラップ……ニアゾーンから、GKをふわっと越えるような浮き球のパス　☞176

クラリティエクササイズ……ある要素を抜き出して明確にし、その要素の習得を目的としたエクササイズ　☞221, 244-245

グローバルトレーニング……サッカーの全体像を意識した、実際の試合と同じような状況のトレーニング　☞222-227

攻撃から守備への局面でのプレーの目的……1) 素早くボールを奪い返す、2) 相手の攻撃を遅らせ、守備の態勢を整える　☞50

攻撃と守備の4つの段階……攻撃と守備のそれぞれの目的を達成するための一連のプレーの過程。攻撃はキャスティング、ウェービング、ガス、フィニッシュ、守備はハント、レディ、スイッチ、ドックの4段階がある　☞56-57

攻撃の一般原則……1) 攻撃の優先順位、2) ポジショニング、3) モビリティ、4) ボールの循環、5) 個の優位性　☞66-88

攻撃の局面でのプレーの目的……1) ゴールを奪う、2) ボールを前進させ、シュートチャンスを作る、3) 攻撃権を失わないために、ボールを保持する　☞49

攻撃の個人とグループの原則……1) 認知（観る）の原則、2) パスと動きの優先順位の原則、3) ポジショニングの原則、4) サポートの原則、5) パッサーとレシーバーの原則、6) マークを外す動きの原則、7) ドリブルの原則、8) シュートの原則、9) インテリジェンスの原則　☞110-144

攻撃の優先順位の原則（攻撃の一般原則）……攻撃の目的から逆算したプレーをするための原則　☞67

攻撃の4段階……キャスティング、ウェービング、ガス、フィニッシュ　☞56-59

個人とグループの原則……共通原則と一般原則に沿ってプレーするなかで、個人とグループが効果的にプレーするための原則。プレーモデルの構成要素の1つ　☞42-43, 第5章(108-)

コーナーゾーン……ペナルティエリアの外側のゾーン　☞174

個の優位性の原則（攻撃の一般原則）……相手に対して優位性のある選手を使うための原則　☞87-88

個の優位性の原則（守備の一般原則）……相手に対して優位性のある選手で抑えるための原則　☞106

コンパクトフィールド……3ラインの距離を25mから30mに保ち、相手にスペースを与えない状態　☞72, 97-98

さ サイドアタック……ビート、コンビネーションプレー、サイドチェンジを使って、コーナーゾーン、アングルエリアを攻略し、クロスを上げて得点を狙うアタックの方法　☞175

サッカースタイル……個々の戦術を超えて、全体としてどのようなプレーを目指すかを形成するイメージ　☞22-26

サッカーの4つの局面……1) 攻撃の局面、2) 攻撃から守備への局面、3) 守備の局面、4) 守備から攻撃への局面　☞48-52

サポート……ボールの近くで、直接ボールに関与できる選手が、ボールを受けようとするプレー　☞120

サポート1（緊急のサポート）……ボールを失いそうな緊急事態のときに、ボールを失わず、攻撃をやり直すためのサポート　☞120-121

サポート2（継続のサポート）……今すぐボールを失う危険はないがボールを前進できないときに、継続してパスを繋ぎ、有利なスペースへ展開するためのサポート　☞121

サポート3（越えるサポート）……受け手のマークを外し、ボールを前進させたり、展開させたりするためのサポート　☞121

サポートの原則（攻撃の個人とグループの原則）……直接ボールに関与できる選手が、味方を助け、パスを受けるための原則　☞120-121

シチュエーションエクササイズ……攻守の4段階の場面を設定し、プレーの原則を複合的に学ぶことを目的としたエクササイズ　☞223, 247-251

シャンク……センターレーンにいる相手DFラインの前に入れる縦パス　☞30

シュートの原則（攻撃の個人とグループの原則）……チャンスを逃さずにシュートを打ち、決めるための原則　☞140-141

守備から攻撃への局面でのプレーの目的……1) 相手の守備の態勢が整わないうちに攻める、2) 奪ったボールを奪い返されず、攻撃の態勢を整える　☞52

守備の一般原則……1) 守備の優先順位、2) ポジショニング、3) バランス、4) プレッシング、5) 個の優位性　☞89-106

守備の局面でのプレーの目的……1) ボールを奪う、2) 相手の攻撃を自由にさせず、制限をかける、3) ゴールを守る　☞51

守備の個人とグループの原則……1) 認知（観る）の原則、2) パスコースを消す優先順位の原則、3) マークの原則、4) アプローチの原則、5) 1対1の対応の原則、6) チャレンジ＆カバーの原則、7) インテリジェンスの原則　☞145-168

岡田メソッド［凡例と用語集］

守備の優先順位の原則（守備の一般原則）……守備の目的から逆算したプレーをするための原則 ☞ 90-91

守備の4段階……ハント、レディ、スイッチ、ドック ☞ 56-57, 60-61

スイッチ……相手に規制をかけ、スイッチャーがボール保持者へ厳しくアプローチしたのを合図に、チーム全体で一気にボールを奪いにいく段階 ☞ 60

スイッチャー……スイッチの段階において、ボール保持者に一気にアプローチをかけることで、チーム全体でボールを奪いにいく合図を送る選手 ☞ 60, 102-103

専門原則……試合の詳細なシチュエーションを考慮した、チーム独自の戦術的要素を含む原則。プレーモデルの構成要素の1つ ☞ 42-43, 第6章 (171-)

た **第1エリア**……直接ボールに関与するエリア ☞ 72-73, 96-97

第2エリア……直接ボールに関与し、かつ間接的にプレーに関与するエリア ☞ 72-73, 96-97

第3エリア……間接的にプレーに関与するエリア ☞ 72-73, 96-97

ダイアゴナルラン……一度、相手から離れるように動いてから、相手が付いてきたときに、斜めに前方に動いてマークを外す動き方。チェックの動きの一種 ☞ 135

ダイヤモンドシェイプ……ボール保持者とボールを受けようとする3人の選手が作る菱形のポジショニング ☞ 118-119

チェックの動き……ボールを受けたい方向とは逆の方向にいったん動き、相手がつられて動いたときに、受けたい方向へ動いてパスを受ける動き方 ☞ 135

チーム戦術……チームの具体的なプレーの仕方、やり方。監督の個性やチームメンバーの能力、対戦相手のレベルなどで異なるもの ☞ 40, 65

チャレンジ＆カバーの原則（守備の個人とグループの原則）……チャレンジとカバーリングを繰り返しながら、守備を安定させるための原則 ☞ 164-166

デカラ……ゴールを背にしてパスを受けたとき、より体勢のいい、前を向いている味方にパスを出すこと ☞ 29

テクニック……「止める・蹴る、運ぶ」をはじめとする、ボール操作や動作を正確に素早く行う基本的な技術 ☞ 27-28

テーマ追求型トレーニングセッション……1つのテーマに対して、全体像から逆算して組み立てたトレーニングセッション ☞ 224-225

テーマ複合型トレーニングセッション……複数のトレーニングテーマを設定し、テーマ間のつながりが理解できるようにするトレーニングセッション ☞ 226

動点……相手の守備組織の内側（インナーゾーン）に位置し、ボールの近くで数的優位やモビリティを生む選手 ☞ 74-76

ドック……ゴール前に強固な守備組織を形成し、ゴールを守りながら相手を押し戻す段階 ☞ 61

トライアングル……ボール保持者とボールを受けようとする2人の選手が作る三角形のポジショニング。前向きのトライアングルと横向きのトライアングルがある ☞ 118-119

ドライブ……相手DFとのコンタクトがない状況で、スペースや、守備者と守備者の間にボールを運ぶことによって、ボールを前進させたり、相手を引き付けてパスコースを作るためのドリブル ☞ 30-31

ドリブルの原則（攻撃の個人とグループの原則）……自らボールを運び、局面を有利にするための原則 ☞ 136-139

ドリルエクササイズ……テクニックや動き方の習得を目的としたエクササイズ ☞ 221, 243

トレーニングセッション……1回のトレーニングの組み立て、構成 ☞ 224-231

な **ニアゾーンA**……ボールサイドのゴールエリアとペナルティエリアの間 ☞ 174, 176-177

ニアゾーンB……ボールと逆サイドのゴールエリアとペナルティエリアの間 ☞ 174, 176-177

ニアゾーンアタック1……ボールがアングルエリアにあるときに、ニアゾーンAに走り込んで、守備の変化を引き出し、それに応じてプレーを選択し、得点を狙うアタックの方法 ☞ 176

ニアゾーンアタック2……ボールがセンターレーンにあるときに、ニアゾーンA・Bに外側から走り込んで、守備の変化を引き出し、それに応じてプレーを選択し、得点を狙うアタックの方法 ☞ 177

認知（観る）の原則（攻撃の個人とグループの原則）……状況を観察して、分析のための情報を収集するための原則 ☞ 111-113

認知（観る）の原則（守備の個人とグループの原則）……状況を観察して、分析のための情報を収集するための原則 ☞ 146-147

ネイル……GKと2vs1を作り、受け手が1タッチで打てるパスと、その状況 ☞ 176

岡田メソッド ［凡例と用語集］

は パスコースを消す優先順位の原則（守備の個人とグループの原則）……ゴールを守り、ボールを奪うことから逆算してプレーするための原則 ☞ 148-149

パスと動きの優先順位の原則（攻撃の個人とグループの原則）……ゴールを奪うことから逆算したプレーをするための原則 ☞ 114-117

パッサーとレシーバーの原則（攻撃の個人とグループの原則）……パッサーとレシーバー（パスを出す選手と受ける選手）の意図を合わせるための原則 ☞ 123-130

バランスの原則（守備の一般原則）……適切なポジショニングを保ちつづけ、スペースを与えない。または、マークを自由にさせないための原則 ☞ 98-99

ハント……ボールを失った瞬間に、素早くボールを奪い返そうとし、相手の攻撃を遅らせる段階 ☞ 60

ビート……マークする相手を突破することを意図したドリブル ☞ 138

フィニッシュ……ゴールを仕留める段階 ☞ 59

ブラッシング……パスを出したあとに、パスを出した方向に動いてリターンパスを受ける、一連のパス交換 ☞ 29

振り返りシート……練習や試合後に「よかったこと（Good）」「悪かったこと（Bad）」「次にどうするか（Next）」を振り返り整理する方法 ☞ 202

プルアウェイ……一度、相手に近づくように動いてから、外に膨らむように動いてマークから離れる動き方。チェックの動きの一種 ☞ 135

ブレイク……個の能力で局面を打開し、突破して得点を狙うアタックの方法 ☞ 175

プレッシングの原則（守備の一般原則）……相手に規制をかけ、数的優位を作り、ボールを奪うための原則 ☞ 100-105

プレーの原則……サッカーのゲームにおけるプレーの基本（判断基準） ☞ 39

プレーパターン……目指すサッカースタイルにおいて使用頻度の高いテクニックの組み合わせ ☞ 27-31

プレーモデル……サッカーのプレーの原則を体系化したもの ☞ 21, 26, 第2章(39-)

プロテクト……相手とボールの間に身体を入れて、ボールを守ったり、ターンをして攻撃方向を変えたりするドリブル ☞ 31

ポケット……ボール保持者に対してプレッシャーをかけた守備者の背後にできるスペース ☞ 78-79

ポジショナルエクササイズ……サッカーの試合の局面を切り取り、テーマに対して中心的なプレーの原則を学ぶことを目的としたエクササイズ ☞ 222, 246

ポジショニング……チーム全体で適切な（有利にプレーできる）位置をとること。また最初の位置取りをファーストポジションと呼び、ここから動き出していく ☞ 68, 92

ポジショニングの原則（攻撃の一般原則）……スペースを作り、選手間の適切な距離を保ち、位置的優位性を作るための原則 ☞ 68-76

ポジショニングの原則（攻撃の個人とグループの原則）……グループでも有利にプレーできる位置をとるための原則 ☞ 118-119

ポジショニングの原則（守備の一般原則）……スペースを消し、選手間の適切な距離を保ち、位置的優位性を作るための原則 ☞ 92-99

ポーズ……パッサーになる選手が、ボールを受けるときに、正確にボールをコントロールして「パスを出せる」瞬間を作ること ☞ 128-130

ポストスポット……ボールと逆サイドのゴールポスト周辺 ☞ 174

ボールの循環の原則（攻撃の一般原則）……効果的にボールを動かすための原則 ☞ 82-86

ま マークの原則（守備の個人とグループの原則）……個人でも、相手より有利にプレーできる位置をとるための原則 ☞ 150-155

マークを外す動きの原則（攻撃の個人とグループの原則）……自分のマークを外して、フリーでボールを受けるための原則 ☞ 131-135

モビリティの原則（攻撃の一般原則）……相手のバランスを崩して、スペースと数的優位を作り出すための原則 ☞ 77-81

や ユニット……ボールを受けようとするレシーバー（受け手）同士の関係 ☞ 80-81, 118-119

ら リレーション……ポジショニングやサポートなどボールを受ける前の準備段階（Off the ball）からプレーに関わり続けること ☞ 27

レディ……ファーストポジションに戻って、守備陣形を整え、意図的にボールを奪いにいくための準備をする段階 ☞ 60

ローピング……味方同士がロープでつながっているように連動して動く守備の仕方 ☞ 93-95

ver1.0　英治出版

5 パッサーとレシーバーの原則
パッサーとレシーバーの意図を合わせる

パスを成功させるためには、パッサーとレシーバーの意図を合わせる必要があります。そのための原則が「パッサーとレシーバーの原則」です。

この原則は、次の3つがあります。

① 意図的にボールをコントロールする
② 意図的にパスを出す
③ パスを出し、受けるタイミングを意図的に合わせる

では、詳しく見ていきましょう。

コラム5　サポートは、「何番のサポートか」を叫びながら行う

かつて、私はトレーニングの中で「周りを見てサポート、サポート」「今のは寄らなくていいだろう」と、状況によって指導していました。ところが、このサポートの種類を選手たちに教え、自分が何番のサポートなのか、叫ぶように言いました。すると驚くことに、ボールがポンポンと回りはじめました。

サポートの番号を言おうとすると、ボール保持者の状況、自分のマークの位置など、いろいろことを事前に観ていないと叫べません。事前によく見ていれば、「周りを見ろ！」と言う必要などないのです。

また、原則と異なるサポートをしているときも、「今の状況だと、何番のサポートがいいと思う？」と聞くだけで済みます。この違いは想像以上に大きいです。選手もすぐに気づきます。かつてのように「今のは……」というような状況での曖昧な伝え方だと、選手にとって、状況は無数にあるような気がしてしまいます。

以前は、サポートの種類を5番まで作っていましたが、実際にグラウンドで使うことを考えて、シンプルに3つにしました。

1　意図的にボールをコントロールする

意図的にボールをコントロールするためには、「認知の原則」に基づいて、ボールを受ける前に選択肢を持っておく必要があります。

何も考えずにただボールを足元に止めるだけでは、次のプレーに移るまでに時間がかかり、相手のプレスを受けてしまいます。

また周りの選手も、パスを受けるために動き出すタイミングが分らずに、全体がスムーズに動けなくなります。

ボールコントロールについても、意図に応じて、次の3つに分けられます（図5-15）。

① 前進（突破）のためのボールコントロール
② 継続のためのボールコントロール
③ 緊急のためのボールコントロール

自分のマークの状況、周りのスペース、そして味方の位置に応じて、ボールコントロールの意図を選択します。

ただしその大前提として、きちんとボールを止めるテクニックが必要であることは言うまでもありません。ボールが弾んでいたり、転がっていたり、すぐに蹴ることができる場所になかったりする状況でも、止めたつもりになっていることがよくあります。この「止めるテクニック」の基準を、高く持たなければなりません。

① 前進（突破）のためのボールコントロール

前進するためのコントロールは、「ボールを前進させるために、縦方向へのパスが出せるところにボールを止めたり」「ファーストタッチで相手をかわしたり」「前を向いたり」することです。

コントロールする前に「フェイントを入れたり」「急にテンポを変えたり」することも必要になります。

図5-15 ▶ 意図的にボールをコントロールする

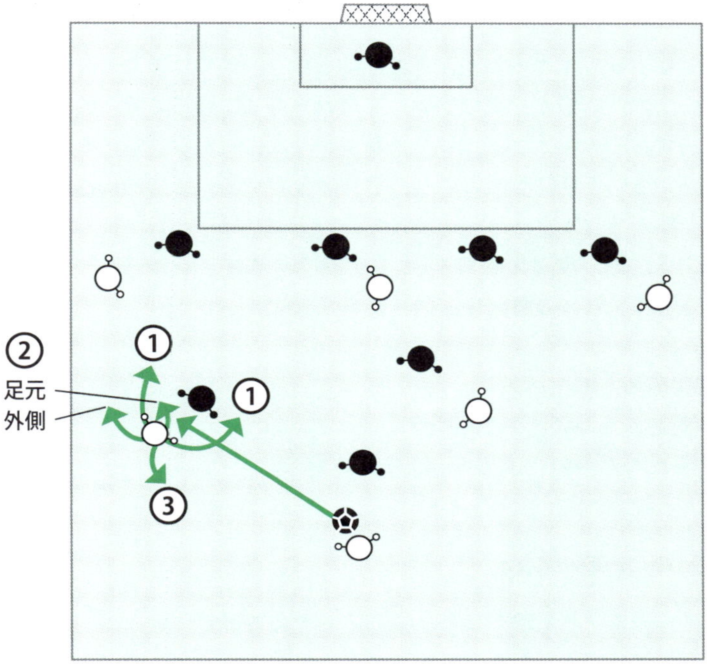

② 継続のためのボールコントロール

　継続のためのボールコントロールは、ボールを保持し、より攻撃しやすいスペースに展開するために、相手がボールを奪えない場所にコントロールします。そして次のプレーに素早く移り、前進するための糸口を探します。

③ 緊急のためのボールコントロール

　相手のプレスが強くて選択肢が持てない状況であれば、ボールを失わないために、ボールを守りながらコントロールします。基本的には、ボールと相手の間に体を入れて、相手から遠い足でボールをコントロールします。

2　意図的にパスを出す

　パスは、味方にボールが渡れば成功というわけではありません。パスを受けた味方が、次のプレーをスムーズにできてこそ、成功と言えます。そのためには、レシーバーが「次にどんなプレーをしたいのか」という意図を感じとり、それに合わせて、意図的にパスをする必要があります。

　パスも、その意図に応じて3つに分けています。レシーバーの状況に応じて、パスの意図を選択します（図5-16）。

① 突破のためのパス
② 前進のためのパス（前向きにプレーさせるパス）
③ 継続のためのパス（ボールをキープさせるためのパス）

① 突破のためのパス

　突破を狙えそうな場合には、走り込んでいる選手の足元にピンポイントでパスを出したり、レシーバーが走り込むスペースにパスを流し込んだりします。この場合は、ボールとレシーバーが、点で合うようなパスの強さと方向の精度が要求されます。

② 前進のためのパス（前向きにプレーさせるパス）

　突破までは狙えなくても、マークが甘かったり、スペースがあったりして、前進できそうなときは、レシーバーが前を向いてプレーできるようなパスを出します。

　このときのパスは、レシーバーの走っている少し前側で、レシーバーが外足（つまり、ボールが来る方向から遠いほうの足）で止めるようなボールを出します。DFにインターセプトされないように、パススピードが要求されます。

図5-16 ▶ 意図的にパスを出す

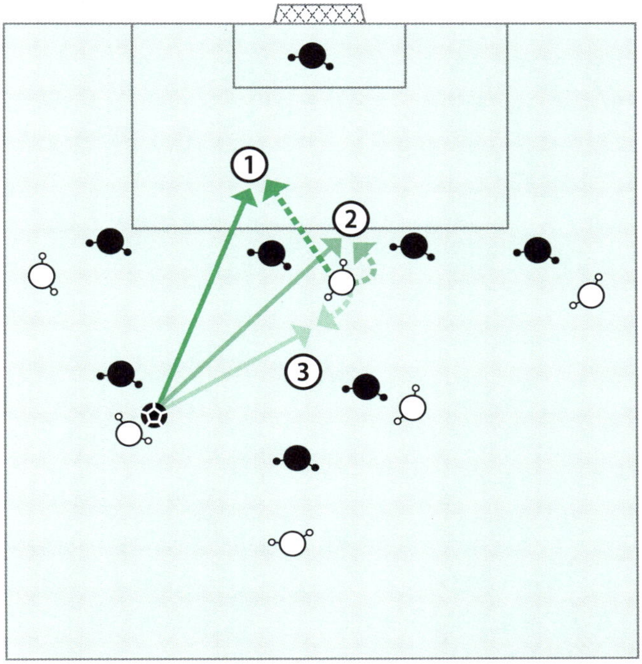

③ 継続のためのパス（ボールをキープさせるためのパス）

　前に進めないとき、相手がボールを奪えない方向にパスを出して、キープできるようにします。この場合は、マークが見ている逆サイドの足にパスをだします。

　そして、レシーバーがスムーズにプレーするためには、パススピード（強さ）を状況によって使い分けることも大切です。基本的には、パススピードを上げることです。パススピードを上げることで、相手の守備のポジション修正やアプローチが対応できなくなり、有利にプレーすることが可能になります。
　しかし、相手をわざと引きつけたり、味方が次のプレーをしやすいように柔らかいパスを出したりするときは、パススピードはあまり上げないほうが適切です。

3　パスを出し、受けるタイミングを意図的に合わせる

　パスを成功させるためには、パッサーがパスを出すタイミングと、レシーバーがパスを受けるために動き出すタイミングを、意図的にシンクロさせることが重要です。パスが成功しない原因の1つは、タイミングがずれていることです。

　意図的にタイミングをコントロールしやすくするためには、次の2つがあります。

①「ポーズ」のタイミング
②「ワンタッチ」のタイミング

①「ポーズ」のタイミング

　パスを受けるタイミングの基本は、「ポーズ」です。写真のシャッターを切るときに「ハイ！ ポーズ」で、一時停止をした静止画面のような状況を作ることをイメージして、この言葉を用いています。
　「ポーズ」のタイミングでのプレーの流れは、次のようになります。
　まず、ボールを受ける前に、お互いがお互いを観ておく必要があります。そして、パッサーになる選手が、ボールを受けるときに正確にボールをコントロールしてパスを出せるという瞬間が「ポーズ」の瞬間です。
　そしてこの瞬間に、レシーバーがマークを外して、ボールを受けるために動き出し、パッサーがパスを出します。
　現在のサッカーでは、守備組織が高度に組織化されているために、モビリティでスペースを作り、その空いたスペースに次の人が走り込んで、ゴール前を崩していくことが難しくなっています。トップレベルの試合では、大きなスペースが空くことは、ほとんどないと言っていいでしょう。
　そうしたなかで、相手の守備を突破してゴールを目指すためには、パッサーとレシーバーが「ポーズ」のタイミングで合わせ、瞬間的にオフサイドにならないようにして、相手DFの裏をとっていくことが重要になってきています（図5-17）。
　このタイミングが合わないと、オフサイドになったり、カバーリ

図5-17 ▶ パスのタイミングを意図的に合わせる

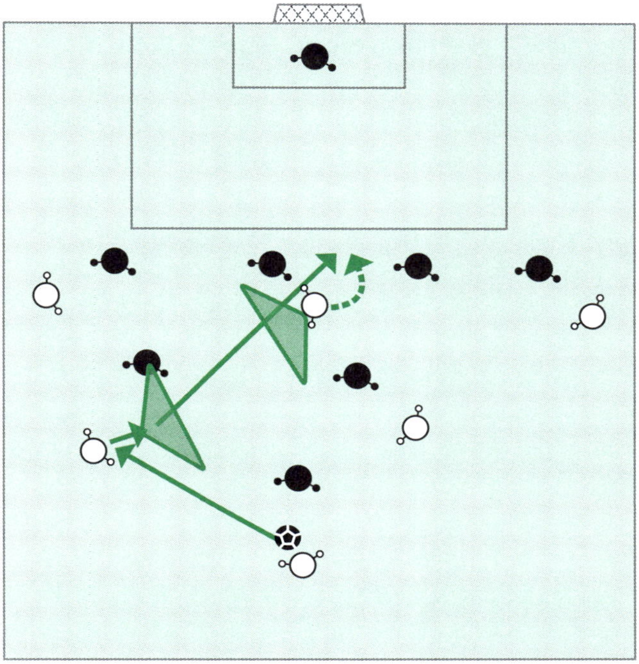

ングをされたりしてしまいます。

②「ワンタッチ」のタイミング

「ポーズ」のタイミングを基本として、パッサーとレシーバーが、ボールの移動中に狙うスペースを共有していれば、ボールを止めずにパスを出すことが可能になります。言い換えれば、ボールの移動中に「ポーズ」のタイミングを作るということです。

「ワンタッチ」のタイミングでのプレーの流れは、次のようになります。

まず、ボールの移動中に、お互いを観ながらパスを出し、受けるスペースを共有しておきます。そして、パッサーにパスが渡る瞬間に、レシーバーがマークを外して動き出し、パッサーはワンタッチ

でパスを出します。

「ワンタッチ」のタイミングは、成功すれば綺麗に相手を崩すことができますが、技術的にも難しく、成功する確率は高いとは言えません。

タイミングが合っていないのに、イメージだけでワンタッチでパスをする光景をよく見かけます。

タイミングの合わせ方は、「ポーズ」のタイミングを基本として合わせるようにして、その応用として「ワンタッチ」のタイミングがあると考えればよいでしょう。

6 マークを外す動きの原則
自分のマークを外して、フリーでボールを受ける

　適切なポジションで味方のサポートをすることで、ボールを受けることができる状況があるとします。

　しかし、相手の守備が厳しくなってプレスをかけられると、自分のマークを外して、フリーでパスを受けられるような有利な状態になる必要があります。特にウェービングやガスの段階では、マークを外す動きが重要になってきます。

　「マークを外す動きの原則」には、次の3つがあります。

1. 自分のマークと、視野と視野の闘いをする
2. パスを受けたいスペースを空ける
3. パッサーとレシーバーの原則に従って、タイミングよく動き出す

　また、「マークを外す動きの原則」と「パッサーとレシーバーの原則」には、密接な関係があります。

　では、詳しく見ていきましょう。

1　自分のマークと、視野と視野の闘いをする

　攻撃側は、ボールと攻撃方向が観察できる視野を確保しながら、状況を判断してゴールへ向かわなければいけません。

　逆に守備側は、ボールとマークを同一視しながら、自分のマークにパスが出たときにアプローチしなければいけません。

　このような、視野を確保する闘いが、ゲームのあらゆる場面で行われています。そして有利な視野を確保できた側が、主導権を握ってプレーすることができます。

　したがって攻撃側は、自分の視野は確保しながら、自分のマークが同一視できなくなるポジションをとりつづけることが重要です（図5-18）。

図5-18▶視野の確保

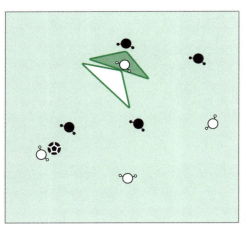
視野が悪い状態

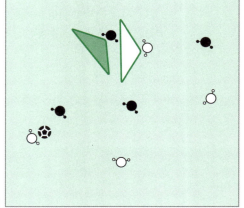
視野が良い状態

攻撃方向

2　パスを受けたいスペースを空ける

　視野と視野の闘いと同時に行われるのが、パスを受けるスペースを確保する闘いです。

　マークと駆け引きをしながら、パスを受けたいスペースを確保する必要があります。そのためには、パスを受ける前に、自分の受けたいスペースの逆に動き、マークを引きつけておくことが大切です（図5-19）。

　このスペースは、単に相手DFの裏だけに限らず、自分の足元に作ることもあります。つまり、一瞬、相手DFが入ってこられないスペースを作ることです。

図5-19 ▶ パスのスペース

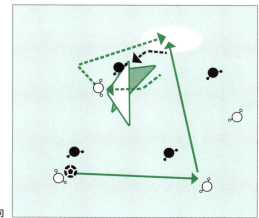

攻撃方向

3 パッサーとレシーバーの原則に従って、タイミングよく動き出す

よい視野を確保し、パスを受けたいスペースを確保できれば、パッサーとレシーバーの原則に基づいて、タイミングよく動き出してパスを受けます。

このような「マークを外す動きの原則」に基づいてプレーするときは、次のようなマークを外すためのテクニックを使いましょう。

- アングルステップ（図5-20）
- チェックの動き　（図5-21）
- プルアウェイ　　（図5-22）
- ダイアゴナルラン（図5-23）

こうしたテクニックを使うことで、より効果的にマークを外すことができます。

図5-20 ▶ アングルステップ

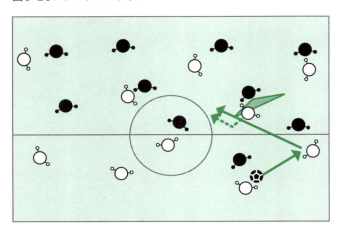

さまざまなステップを使って、ボールを受けるアングル（角度）を変えることで、相手の視野から消える動き方。

図5-21 ▶ チェックの動き

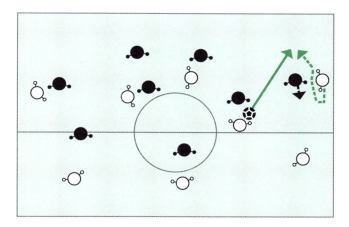

ボールを受けたい方向とは逆の方向にいったん動き、相手がつられて動いたときに、受けたい方向へ動いてパスを受ける動き方。

図5-22 ▶ プルアウェイ

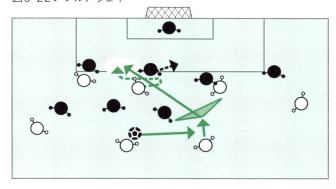

一度、相手に近づくように動いてから、外に膨らむように動いてマークから離れる動き方。チェックの動きの一種。

図5-23 ▶ ダイアゴナルラン

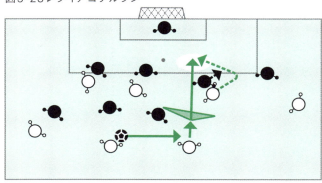

一度、相手から離れるように動いてから、相手が付いてきたときに、斜めに前方に動いてマークを外す動き方。チェックの動きの一種。

7 ドリブルの原則
自らボールを運び、局面を有利にする

ドリブルが効果を発揮するのは、次のような場合です。

- 相手を引きつける
- 数的優位を作る
- ボールを守りながら、攻撃方向を変える
- 突破してチャンスを作る

ドリブルの原則には、次の3つがあります。

1 つねに選択肢を持ちながらボールを運ぶ
2 意図的にドリブルをする
3 状況に応じて効果的に使う

1　つねに選択肢を持ちながらボールを運ぶ

　ドリブルをするときは、つねに選択肢を持つ必要があります。目の前の1対1をどのように打ち勝つかということも大切ですが、それよりドリブルをすることで、起こる変化を観察しながらプレーをしなければなりません。

　そのためには、味方との関係を作りながら、2対1になるように意識してドリブルをすることが重要です。そのことで、パスとドリブルの両方の選択肢を持てるので、相手はさらに守るのが難しくなります。

　確かにこれは、非常に難しいことです。最初からパスを考えながらドリブルしたのでは、相手は怖くありません。かと言って、1対1で突破することしか考えないで顔を上げずにドリブルをしかけていたら、簡単にカバーリングされるでしょう。

　トップレベルの選手は、本気で突破しようとしているなかで、パスもできます。だから止められないのです。メッシはその典型でしょう。

2　意図的にドリブルをする

ボールを運ぶことで局面を有利にするためには、その局面に応じて意図的にドリブルをすることも重要です。プレーパターンと同じですが、ここではドリブルの意図として、次の3つに分けています。

① ドライブ　　（図5-24）
② プロテクト　（図5-25）
③ ビート　　　（図5-26）

図5-24 ▶ ドライブ

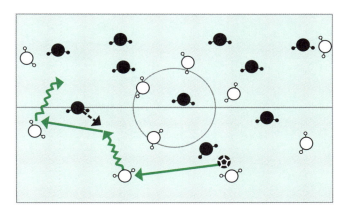

① ドライブ

「ドライブ」とは、基本的に相手DFとのコンタクトがない状況で、スペースや、守備者と守備者の間にボールを運ぶことによって、ボールを前進させたり、相手を引き付けてパスコースを作ったりするドリブルのことを言います。

時には、相手守備者に直接的に向かっていき、味方のマークを剥がすこともあります。数的優位の場面や、スペースがある場面で使います。

② プロテクト

「プロテクト」とは、相手DFのプレスからボールを守ることや、相手を引きつけておいて攻撃方向を変えることを意図したドリブルのことです。基本的には、ボールと相手の間に身体を入れて、相手にボールをさらさないようにします。相手のプレスを受けたときや、攻撃方向を変えたいときに使います。

図5-25 ▶ プロテクト

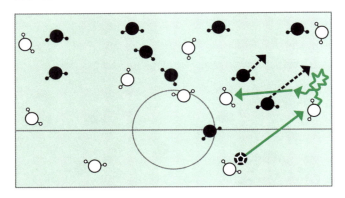

③ ビート

「ビート」とは、マークする相手を突破することを意図したドリブルのことです。フェイントやスピードの変化などを使い、相手を打ち破ります。主に、サイドレーンやゴール前での突破の場面で使います。相手を抜き去ることは、相手の守備組織を混乱に陥れ、崩すための有効な手段です。

図5-26 ▶ ビート

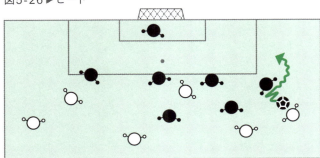

3　状況に応じて、効果的に使う

　ピッチのどの場所でも同じようなドリブルをすると、ボールを失う危険性があったり、味方との関係を失ったりするなど、効果的なプレーではなくなります。3ゾーンでの「セーフティ」と「リスク」のバランスを考えながら、ドリブルをしなければなりません。

久保建英選手のドリブル

　2019年の夏、レアル・マドリードに行くことが決まった久保建英という18歳のすごい日本人選手が出てきました。彼がこのあと成功するかどうかは、まだ分かりません。しかし、現在の久保選手と、これまでいたテクニックがあるドリブラータイプの選手の18歳のときとは、大きな違いがあると感じています。

　日本では、若いうちは失敗を恐れず、何度でもドリブルでチャレンジすればいいと、目を細めて見る傾向があります。もちろん、チャレンジを恐れさせてはいけませんが、久保選手は、ドリブルでチャレンジするときとしないときを、大人のようにクールに判断しています。それは、彼が10歳でバルセロナに渡り、そこでその年代から「プレーの原則」を教えられてきたからではないでしょうか。

　日本でも最近は、相手を抜き去る優れたドリブラーが出ています。でも、研究されたときに、どれくらい対応できるかは未知数です。一方で、久保選手は少々研究されても、ドリブル以外の手段を持っているので、なかなか抑えられないような気がします。

　とても楽しみですし、それとともに、プレーモデルの重要性を改めて感じます。

8 シュートの原則

チャンスを逃さずにシュートを打ち、決める

シュートの原則には、次の2つがあります。

① シュートを意識してプレーする
② 意図的にシュートを打つ

では、詳しく見ていきましょう。

① シュートを意識してプレーする

　ゴール前では、ボールを持っていない選手もボールを持っている選手も、シュートを意識してプレーする必要があります。ボールを持っていない選手は、シュートが打てるポジションをとることが重要です。ボールを受けるためだけにプレーをしてはいけません。

　また、ゴール前では、相手が厳しくマークしてきます。マークを外す動きの原則に基づいて、相手と駆引きを行うことも必要になります。

　そして、パスを受けたら、ファーストタッチやドリブルで一瞬のシュートチャンスを作り、シュートを打ちます。また、相手の守備の甘さを逃さずにシュートを打てるようにしなければなりません。

② 意図的にシュートを打つ

　やみくもにシュートを打っても、ゴールが決まる確率は高くありません。次のような、明確な意図を持ってシュートを打つことで、シュートが決まる確率は高まります。

① GKが阻止できないコースに打つ（ゴールの四隅を狙う）
② GKのタイミングを外して打つ
③ GKの予想以上の速さ、強さで打つ
④ GKをかわして打つ

意図を持ってシュートを打つからこそ、外したときに修正点が明確になり、次の機会に活かすことができます。ストライカーを育てるためには、シュートの意図を明確に持たせ、それに必要なテクニックを磨くことが重要です。

　日本人はシュートが下手だと言われています。その要因の1つが、キックの基本技術とともに、試合の中で、意図を持たずに何気なくシュートを打っていることに起因しているのではないかと思っています。

　試合中に決定機が来たとき、「決めなければ」と意図なくゴールへ向かって蹴ってしまうのではなく、冷静に①〜④のどの手段で決めるか考えるクセをつけると、パニックを防ぐことができると思います。

 Jリーグ得点王のシュート

　今まで私は、エメルソンやウィルといった、Jリーグで得点王になった外国人選手と仕事をしてきました。

　まず、彼らは基本的なキックが正確です。ゴールキーパーを入れて、ペナルティエリアから1〜2メートル外にボールをセットしてプレースシュートを行う練習で、彼らは10本蹴ったら6本以上ゴールに入れます。日本人は1〜3本がいいところです。

　さらに、試合でのシュートチャンスにも、きわめて冷静です。キーパーの動きを見て、ゴールの中にパスをするように蹴って得点をあげます。

⑨ インテリジェンスの原則
プレーの意図をもって、プレーの意図を隠す工夫をする

岡田メソッドでは、インテリジェンスを「プレーの意図を隠す工夫をすること」と定義しています。サッカーの試合では、攻撃側と守備側とで、さまざまな闘いが行われています。たとえば、次のとおりです。

- パスを通そうとする攻撃側と、パスを通させまいとする守備側
- 相手をかわそうとする攻撃側と、かわされまいとする守備側

単純に原則通りにプレーしても、相手も原則通りに守ってきたら簡単には優位性を築けません。そのような闘いのなかで、相手と駆け引きをして勝つための原則が「インテリジェンスの原則」です。

この原則には、次の2つがあります。

① 相手に予測させない
② 相手に予測させて、逆をつく

では、詳しく見ていきましょう。

1　相手に予測させない

選択肢を持ってプレーするなかで、相手に予測をさせないようにプレーする必要があります。

たとえば、クロアチア代表のルカ・モドリッチは、パスを出すとき、2つ以上のパスコースに出せるようなボールの持ち方、蹴り方をします（図5-27）。ボールコントロールのときも同じで、コントロールする方向を相手に読まれないような姿勢とボールの止め方をしなければなりません。

パスを出す方向にドリブルしていて、そのままパスを出すと、受け手をマークをしている相手DFは、狙い目を持ってプレスをかけられます（図5-28：上）。しかし、パスを出す直前にボールを止めてダブルタッチでパスをすると、相手DFはプレスに行くタイミングを失います（図5-28：下）。

図5-27 ▶ 2つ以上のパスコース

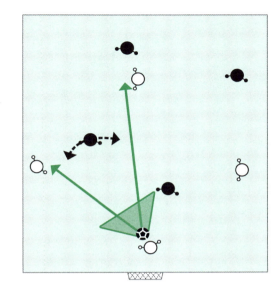

図5-28 ▶ パスとドリブル

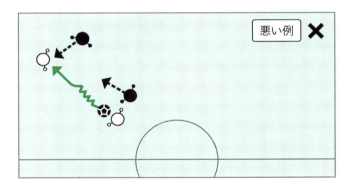

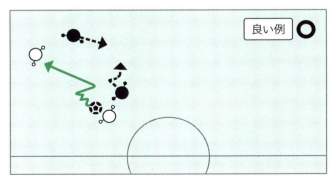

2　相手に予測させて、逆をつく

相手にわざと予測させて、その逆をつくプレーも有効です。

たとえば、アルゼンチン代表のリオネル・メッシは、ペナルティーエリアに沿って、外から中へドリブルしているとき、遠くを観てパス出す振りをしながら（図5-29：A）、近くの選手と壁パスをして突破する（図5-29：B）ことがよくあります。

この目線1つで、中央の相手DFは、クロスボールが来ると思って、壁パスのカバーリングに行けません。まさに、このようなプレーが「相手に予測させて、逆をつく」プレーです。

図5-29▶メッシのドリブル

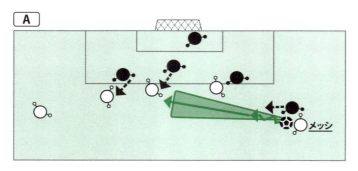

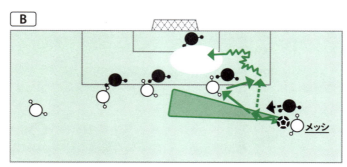

2 守備の個人とグループの原則

　守備の一般原則に基づいて、チームとして組織的に守備をするなかで、1人ひとりの個人が、どのようにプレーすべきかを、7つの原則としてまとめています（図5-30）。

図5-30 ▶ 守備の個人とグループの原則

① **認知（観る）の原則**
状況を観察して、分析のための情報を収集する
1. 何を観るか
2. いつ観るか
3. どのように観るか

② **パスコースを消す優先順位の原則**
ゴールを守り、ボールを奪うことから逆算してプレーする
1. パスコースを消す優先順位に従って、パスコースを消す（守る）

③ **マークの原則**
個人でも、相手より有利にプレーできる位置をとる
1. 3つの要素を考慮してポジションをとる
2. 状況に応じてポジションを修正する

④ **アプローチの原則**
ボール保持者にプレスをかけ、ボールを奪うチャンスを作りだす
1. アプローチをする前に予測を立てておく
2. アプローチに意図を持つ（チャレンジの優先順位）
3. 素早くアプローチするためのポイントを意識する

⑤ **1対1の対応の原則**
ボール保持者の自由を奪い、制限を加える
1. 基本的に、ボール保持者に対して、ゴールを結んだ線上から対応する
2. できるかぎり間合いを詰める

⑥ **チャレンジ＆カバーの原則**
チャレンジとカバーリングを繰り返しながら、守備を安定させる
1. 1stDFは、ボール保持者へアプローチする
2. その他の選手は、カバーリングをする
3. ボールが移動するごとに、役割を素早く入れ替える

⑦ **インテリジェンスの原則**
プレーの意図を持って、プレーの意図を隠す工夫をする
1. 相手に予測させない
2. 相手に予測させて、逆をつく

1 認知（観る）の原則
状況を観察して、分析のための情報を収集する

攻撃と同じように、守備でも「認知→分析→選択→実行」というプレーのプロセスが大切になります（図5-4：再掲）。「認知の原則」に基づいて、周りの状況を観察し、必要な情報を収集していきます。攻撃のときと大きく違うのは、ボールが相手側にあることです。

周りを見るといっても、ボールから目を離し過ぎてしまうと、パスが出たときのアプローチが遅くなる原因になります。

逆に、ボールだけを観ていても、マークを外したり、スペースを空けてしまったりする原因になります。バランスよく観るためにも、次の「観察するポイント」を整理して、必要な情報を収集できるようにしなければいけません。

図5-4（再掲）▶認知・分析・選択・実行のプロセス

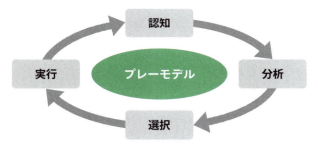

① 何を観るか

- ゴール
- ボール保持者の状況
- 味方の状況（お互いを観ておく）
- 相手の状況（変化）
- スペースの状況

② いつ観るか

- 相手がプレーする前
- 直接ボール（プレー）と関係ないとき
- 相手がプレーしたあと

③ どのように観るか

- 身体の向きを整える
- 周りを観る（Look around）
- ボールとマークの同一視
- 第1エリアから第2エリアを意識

さらに言えば、攻撃のときと同様に、守備においても試合でより有利に闘うためには、相手チームを詳細に把握することです。「相手チームのシステムおよびシステム上のミスマッチ」「局面における数的関係や有効に使えるスペース」「相手チームの攻撃の意図およびストロングポイントやウィークポイント」などを分析して、プレーしていく必要があります。

守備においても、ボールに食らいつく闘犬のような選手も必要ですが、つねに首を振って周りの状況を把握して味方に指示を出し、守備組織を整えられる選手は貴重です。守備の安定しているチームには、必ずそういう選手が何人かいます（図5-31）。

そうなるためにも、前述したポイントを、トレーニングや試合で意識しながらプレーすることが大切です。「今日は、相手FWの動きをよく見よう」や「つねに逆サイドの状況を見よう」など、意識してトレーニングすることです。

図5-31 ▶ 視野の確保

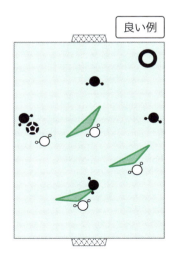

② パスコースを消す優先順位の原則
ゴールを守り、ボールを奪うことから逆算してプレーする

　これは、ゴールを守り、ボールを奪うことから逆算したプレーをするために、個人として実行すべき原則です。「パスコースを消す優先順位」に基づいて、パスコースを消しながら、相手の攻撃を予測可能な状態にして、ボール保持者にアプローチをかけやすくします。

　パスコースを消す優先順位は、攻撃側のパスの優先順位と対の関係になり、次の順番になります（図5-32）。

① 縦（中央）へのパスコース
② 横へのパスコース（特にサイドチェンジされるようなパスコース）
③ バックパス

　最初に、ゴールに直結するような縦パスのコースを消します。ただし、縦パスのコースを消すことだけに気をとられ、相手に対するマークが甘くなり、パスが出たときにアプローチにいけなくなることは避けなければいけません。

　そのためには、後述する「マークの原則」に基づき、パスコースを消しながらも、自分のマークに対応できるポジションをとることが重要です。縦パスのコースを消すことができれば、自分の前には横パスしか通らなくなるので、予測可能な状態になり、ボール保持者にアプローチしやすくなります。さらには、インテリジェンスを使って、相手との駆け引きをすることが大切です。

図5-32 ▶ パスコースを消す優先順位

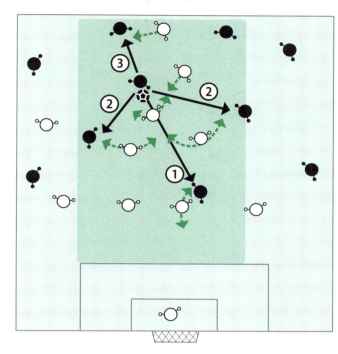

③ バックパス

② 横へのパスコース
（特にサイドチェンジされるようなパスコース）

① 縦（中央）へのパスコース

③ マークの原則
個人でも、相手より有利にプレーできる位置をとる

自分のマークにパスが渡ったときには、できるかぎり寄せた状態を作れるポジションをとらなければなりません。それと同時に、味方のカバーリングも考えて、ポジションをとることも重要です。そのための原則が「マークの原則」です。

この原則には、次の2つがあります。

1 3つの要素を考慮して、ポジションをとる
2 状況に応じてポジションを修正する

1 3つの要素を考慮してポジションをとる

まず、一般原則の「ポジショニングの原則」に従って、チーム全体でファーストポジションをとります。その中で、ボールを持っていない選手に対しては、マークの原則を考慮して、ポジションを調整しなければいけません。その際に考慮すべき要素は、次の3つです。

① ボールとマークを同一視できるようにする
② ボールとゴールを結んだ線上を意識し、カバーリングする
③ 自分のマークにボールが出たとき、アプローチできる距離を保つ

① ボールとマークを同一視できるようにする

　認知の原則と関連しますが、つねにボールとマークを同一視できるようなポジションをとらなければなりません。ボールだけを観ていてはマークを見失います。逆にマークだけを観ていたのでは、いつパスが出されるのか分からないので、自分のマークにパスが出たときに対応が遅れたり、ボールの移動に伴ってポジション修正ができなかったりします。身体の向きや首を振って同一視をしようとしても限界があるので、まずは、ボールとマークの両方を観察できるポジションをとります（図5-33）。

図5-33 ▶ ボールとマークの同一視

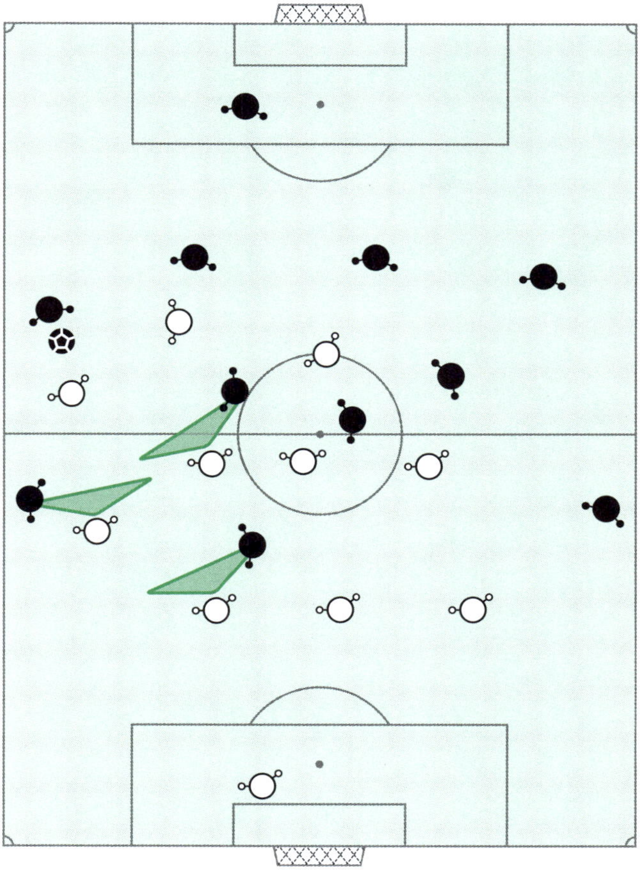

② ボールとゴールを結んだ線上を意識し、カバーリングする

この要素は、先ほど説明した「パスコースを消す優先順位」と関連します。自分のマークとゴールを結んだ線上から、ボールとゴールを結んだ線上のほうにポジションをとることで、パスコースやスペースを消したり、味方のカバーリングができたりするようになります。マークとゴールの線上からどのくらい離れるかは、相手の力と自分の能力などで決まってきます（図5-34）。

図5-34 ▶ ボールとゴールを結んだ線上

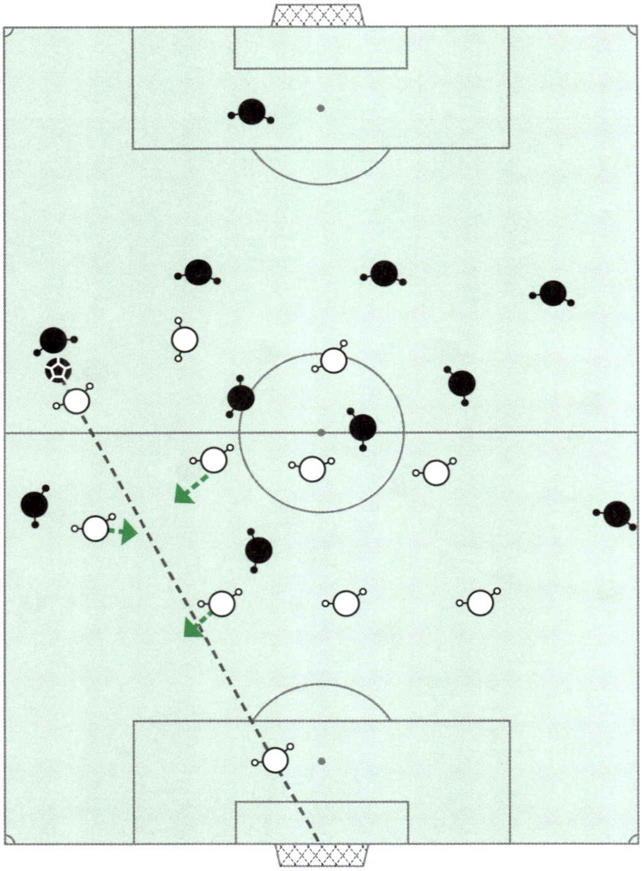

③ **自分のマークにボールが出たとき、アプローチできる距離を保つ**

さらに、自分のマークにパスが出たときに、「アプローチの原則」に基づいて、相手に寄せることができるポジションをとります。つまり、マークとの距離を調整します（図5-35）。

図5-35 ▶ アプローチできる距離

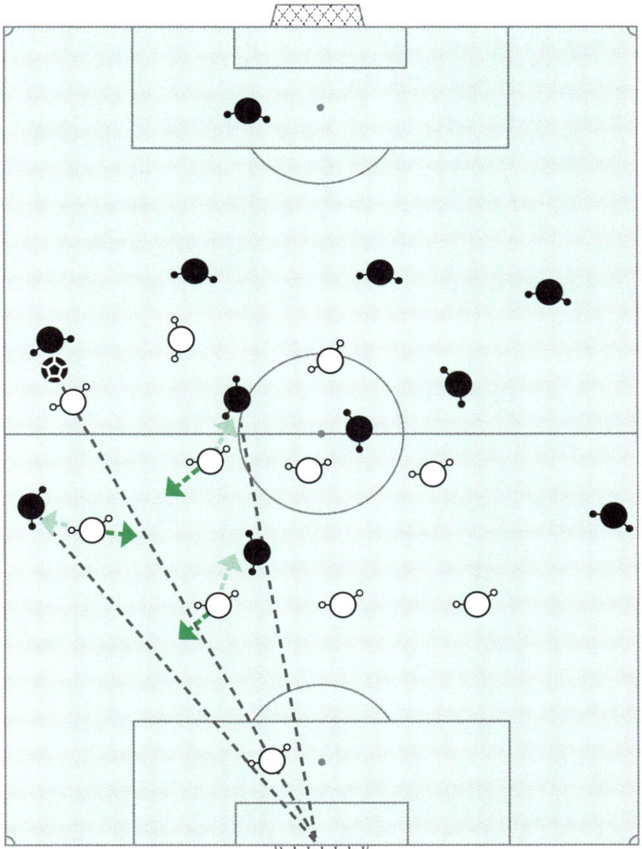

2　状況に応じてポジションを修正する

　先述した3つの要素を考慮しながら、状況に応じてポジションを修正しなければいけません。特に、ボール保持者に対するプレッシャーのかかり具合が重要になります。ボール保持者への寄せが普通の場合は、自分のマークとスペースを考慮したポジションをとります（図5-36）。

　ボール保持者への寄せが甘く、自由に前へプレーできそうなときは、まずは、背後や縦パスをケアしながらポジションをとります（図5-37）。

　寄せが強く、相手が前へプレーする選択肢が少ないときは、自分のマークにアプローチをかけたり、インターセプトが狙えたりするポジションをとります（図5-38）。

　同じように、縦パスのコースと自分のマークのどちらを優先して守るかの度合いも、ボール保持者の状況に応じて変わってきます。

　また、味方のカバーリングや相手の位置でも「何を優先して守るか（マーク、スペース、パスコースなど）」「守る方向（相手を追い込む方向）」が変わってくるので、それに応じてポジションも調整しなければいけません。

図5-36 ▶ 寄せが普通

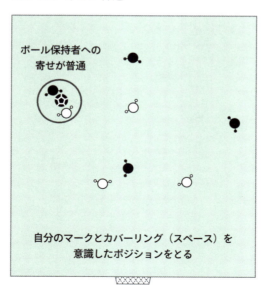

図5-37 ▶ 寄せが弱い

図5-38 ▶ 寄せが強い

今野泰幸選手との出会い

　今野選手を初めて見たのは、私がコンサドーレ札幌の監督をしていたころで、彼が高校3年生のときでした。ある日、サッカー協会のトレセンコーチから電話がかかってきました。

　「いい選手がいるのですが、Jリーグのチームはどこも興味を示さないのです」

　さっそく高校選手権の宮城県予選決勝のビデオを取り寄せて見ました。すぐに、どの選手かわかりました。高校生で、こんなに厳しいアプローチができる選手がいるんだと目が釘付けになりました。

　ぜひチームに迎えたいと思いコンタクトすると、もう地元の実業団チームに社員としての採用が決まっているということでした。ご両親は、「うちの子は大したことないので、安定した会社勤めを」という考えでした。

　私は、決まっていた実業団チームの監督に、「彼の将来のためにも」と直談判し、さらに本人を説得して、札幌に連れてきました。その後の彼の活躍を知らない人はいないでしょう。

4 アプローチの原則
ボール保持者にプレスをかけ、ボールを奪うチャンスを作りだす

　自分のマークにパスを出す選手が、判断を変えられなくなった瞬間にスタートを切り、ボールの移動中に、できるかぎりアプローチして寄せることが重要です。ボール保持者になる選手にアプローチするための原則が「アプローチの原則」で、次の3つがあります。

　1 アプローチをする前に、予測を立てておく
　2 アプローチに意図を持つ（チャレンジの優先順位）
　3 素早くアプローチするためのポイントを意識する

1　アプローチをする前に予測を立てておく

　適切なポジションをとるなかで、状況を把握し、相手がプレーする方向を予測しておきます。そして、パッサーが判断を変えられなくなった瞬間に対応できるようにしておくことが重要です。そのためには、これまで説明したように、チーム全体で相手の攻撃の選択肢を消しながら、予測が可能な状態にしておくことも必要です。

2　アプローチに意図を持つ（チャレンジの優先順位）

ボール保持者にアプローチするときには、チャレンジの優先順位を考慮して、明確な意図を持ち、相手に寄せる必要があります。

① ボールを奪う

マークにパスが渡る前にカットすること（インターセプト）を、最初に狙わなければなりません。パスを途中でカットできれば、前を向いた状態でボールを奪うことができ、かつ相手と入れ替わることができるので、大きなチャンスになります（図5-39）。

図5-39 ▶ ボールを奪う

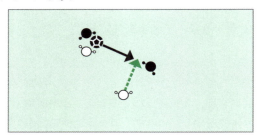

② 相手の自由を奪う

インターセプトが狙えなくても、相手の自由を奪うまで寄せることが必要です。その中で、相手のボールコントロールのミスを見逃さずにボールを奪います（図5-40）。

ボールを奪うチャンスがなくても、相手に触れることができるくらいまで、一歩でも近く相手に寄せる必要があります。それができれば、相手はヘッドダウンしてボールを保持することに集中するので、相手の選択肢を奪い、自由にさせないことが可能になります。

図5-40 ▶ 相手の自由を奪う

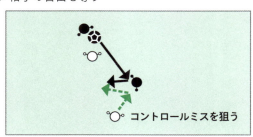

また、相手が後ろを向いている状態では、前を向かせないようにし、前方へのプレーの選択肢を奪います。しかし、むやみにボールを奪いにいって、かわされないように注意しなければいけません。

③ 相手を制限する

　ボールを奪ったり、相手の自由を奪ったりできなくても、相手の攻撃に制限を加えるためのアプローチも必要です。前を向かせなかったり（図5-41）、ドリブルされても離れずについていき、追い込むことです（図5-42）。一気に相手に寄せることができなくても、アプローチを繰り返すことで、相手の攻撃に制限がかかりはじめ、ボールを奪うチャンスが生まれます。また、アプローチすることで、カバーリングする選手のポジションが明確になります。

図5-41 ▶ 前を向かせない

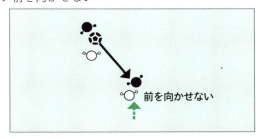

図5-42 ▶ 追い込む

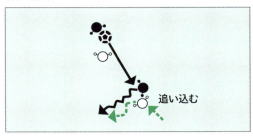

　チャレンジの優先順位は、ボール保持者の状況によって変わってきます。ボール保持者にプレスが厳しくかかっていれば、インターセプトが狙いやすくなります。逆にプレスが甘いときに、むやみにインターセプトを狙えば、かわされてしまう危険性があります。
　ボール保持者の状況を観て、チャレンジの優先順位から選択して、意図的にアプローチする必要があります。また、アプローチの途中で、状況に応じて判断を変えることも必要になります。

3　素早くアプローチするためのポイントを意識する

アプローチの際には、次のポイントを意識すれば、素早く、効果的に相手に寄せることができます。

① 相手の判断が変えられなくなったとき、あるいは、パッサーの足がボールにコンタクトする前にスタートし、ボールの移動中に、できるかぎり寄せる
② ボールが奪えると判断したら、スピードを緩めず、足先だけでなく身体ごとボールを奪いにいく
③ ボールを奪えないと判断したら、相手がファーストタッチをする際には、細かくステップを踏んで、どちらの方向にも対応できるような姿勢をとり、相手の自由を奪う

アプローチでよく見かけるのが、最初はゆっくりアプローチして、相手に近づいたとき、一気にスピードを上げてアプローチするやり方です。これは、当たれば迫力を持ってボールを奪えますが、かわされるリスクも大きくなります。基本的には、最初にスピードを上げ、インターセプトできなかったときは、スピードを落とします。

コラム9　中澤佑二選手の守備

　横浜F・マリノスや日本代表で活躍した中澤佑二選手は、ボンバーヘッドの愛称で知られ、高さに強いことで有名でした。しかし彼の特徴は、守備の対応の基本を愚直なまでにきっちりとやることです。それにより、スピードがそれほどあるわけではないのですが、スピードのある相手にもやられることはありませんでした。

5　1対1の対応の原則
ボール保持者の自由を奪い、制限を加える

アプローチをして、相手との間合いをできるかぎり詰めたあとは、ボール保持者に対して、適切な対応をしていく必要があります。ボール保持者の自由を奪い、制限をかけて最後にボールを奪うための原則が「1対1の対応の原則」で、次の2つがあります。

① 基本的に、ボール保持者に対してゴールを結んだ線上から対応する
② できるかぎり間合いを詰める

1　基本的に、ボール保持者に対してゴールを結んだ線上から対応する

まず、ゴール方向に突破されたり、ボールを縦方向に動かされたりするのを防がないといけません。特に、ゴール前でシュートを打たれるのは禁物です。したがって、ボール保持者に対しては、保持者とゴール中央を結んだ線上から対応するのが基本です。

ただし、正面から両足をそろえて立つと、両サイドに突破される可能性があって対応が難しくなるし、ターンが遅くなります。これを防ぐためには、外側に追い込むように足を前後に開いて半身で対応します。

そして、味方がカバーリングでサポートしてくれたら、思い切ったワンサイドカットで追い込んで、2人で協同してボールを奪います。

2　できるかぎり間合いを詰める

　アプローチの段階で、できるかぎり間合いを詰めておかなければいけませんが、詰め切れなかった場合は、相手のファーストタッチやドリブルへの対応の段階で、一歩でも寄せていくことが必要です。ヘッドダウンさせて、相手が選択肢を持てない間合いまで詰めることが重要です（図5-43：右）。

　間合いが遠ければ、ボール保持者に対してプレッシャーにならずに、自由にプレーされてしまう危険性が高まります。また、相手に余裕があるのに、飛び込んでしまったりすれば、ゴール方向への侵入を許してしまうので、慎重にステップを踏みながら対応する必要があります（図5-43：左）。

　また、相手がスピードに乗っていたら、まずはスピードを吸収し、徐々に間合いを詰めなければいけません。

　相手がボールの間に身体を入れてキープしているとき、気持ちだけ先走って体を寄せすぎると、ボールが見えなくなり、かわされる危険性が増します。そのときは少し距離をとって、相手が前を向こうとする瞬間にチャレンジします。

　また、腰を落としすぎるとターンや方向転換が遅くなり、不利になります。少し膝を曲げた自然体が、良い姿勢です。

　守備でマークしている相手が切り返したりした瞬間に、相手との距離が離れてしまう場面をよく見かけます。実は、そのときこそ逆にチャンスで、スピードを上げて一気に距離を詰めるべきです。

　これが得意な日本人は、今野泰幸選手です（図5-44：右）。

　1対1の対応をしながら相手の自由を奪うことができたら、さらに制限を加えて追い込んでいきます。この段階で、相手の攻撃方向を制限するために、ワンサイドカットをしていきます。

　「マークの原則」「アプローチの原則」「1対1の対応の原則」は、密接に関連しています。「マークの原則」に基づいて、相手より優位な位置をとり、「アプローチの原則」に基づいて、ボール保持者に寄せて間合いを詰め、相手のミスなどのチャンスを見逃さず、ボールを奪います。

　ボールが奪えないときには「1対1の対応の原則」に基づいて対

図5-43 ▶ 間合いを詰める①

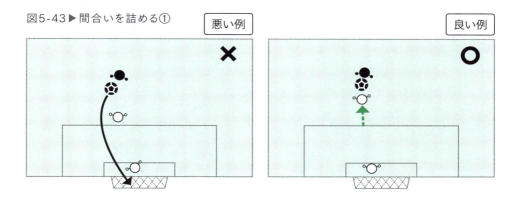

図5-44 ▶ 間合いを詰める②

応し、相手に制限を加え、ボールを奪うチャンスを作り出していきます。

この一連の流れの中で、3つの原則に基づいて適切にプレーすることで、ボールは持っていないけれども主導権を握り、相手にゆとりを持たせず、味方と協力してボールを奪うことが可能になります。

6 チャレンジ&カバーの原則
チャレンジとカバーリングを繰り返しながら、守備を安定させる

これまで説明してきた「マークの原則」「アプローチの原則」「1対1の対応の原則」などは、チームとして守備をするなかで個人としての基本となります。さらに、これらのことをグループとして連動してプレーをすることができれば、局面をより強固に守ることができ、安定した守備からボールを奪うことができるようになります。

「ボール保持者へのアプローチ」と「そのカバーリングをしながらボールを持っていない選手への守備」をボールの移動に伴い役割を交代しながら、連続させることをチャレンジ&カバーといいます。

チャレンジ&カバーの原則には、次の3つがあります。

① 1stDFは、ボール保持者へアプローチする
② その他の選手は、カバーリングをする
③ ボールが移動するごとに、役割を素早く入れ替える

1 1stDFは、ボール保持者へアプローチする

1stDFは、「アプローチの原則」に基づいて、ボール保持者にプレスをかけ、ボール保持者の選択肢を消すように、できるかぎり間合いを詰めます。その際には、カバーリングの選手の位置を意識し、基本的には中央から外側に向かって相手にプレーさせます。

2 その他の選手は、カバーリングをする

その他の選手は、「マークの原則」に準じて、自分のマークへの対応ができるポジションをとり、ボール保持者に対応している味方のカバーリングもできるポジションをとります。そのなかで、自分のマークにボールが出たらアプローチし、ボール保持者のマークが抜かれたらカバーリングして対応します。

また、ボール保持者に制限がかかりボールを奪うチャンスがあれば、自分のマークを捨て、数的優位を作ってボール奪いにいきます。

3　ボールが移動するごとに、役割を素早く入れ替える

ボールが移動するたびに、これらの役割をスムーズに入れ替えながら、グループとして守備をすることが重要です。

その他の選手は、自分のマークにパスが出たら、アプローチしてプレスに行き、1stDFの役割を担います（図5-45：展開1）。逆に1stDFだった選手は、素早くポジションを修正することで、その他の選手の役割を果たします（図5-45：展開2）。

また、これらの役割を入れ替えるときは、ポジションをクロスしないことが大切です。クロスしてしまうと、守備のバランスを崩し、マークを見失う原因になります。

図5-45▶役割を入れ替える①

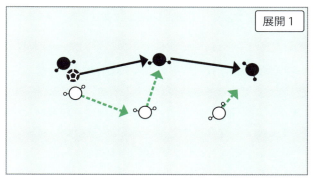

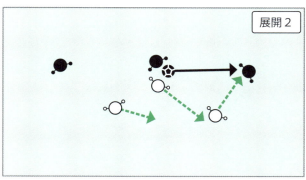

ただし、カウンターアタックを受けたときなどは、簡単にストッパーを引き出されてスペースを作りたくないので、アンカーの選手が左右に振られることがあります（図5-46）。

図5-46 ▶ 役割を入れ替える②

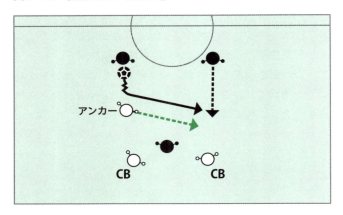

カバーリングの選手は、守備の深みを保つために、基本的にはボール保持者より後ろにポジションをとります。しかしゴール前では、相手にギャップを使われたり、シュートへの対応が遅れたりするので、深さをとるより幅を縮めてカバーリングを行い、背後はゴールキーパーがケアするようにします（図5-47）。

図5-47 ▶ 役割を入れ替える③

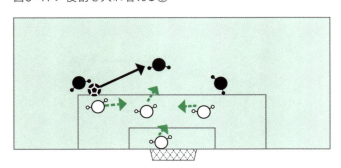

インテリジェンスの原則

プレーの意図を持って、プレーの意図を隠す工夫をする

　攻撃と同様に、守備でもインテリジェンスが必要です。ボールを持っている攻撃側に主導権がありますが、それを逆手にとって駆け引きをすることで、有利にプレーすることができます。
　インテリジェンスの原則には、次の２つがあります。

① 相手に予測させない
② 相手に予測させて、逆をつく

1　相手に予測させない

　選択肢を持ってプレーするなかで、相手に予測させないようにプレーする必要があります。たとえば、自分のマークとパスコースを防ぐポジションをとりながら、相手にどっちを守るのかを予測させないようにします。
　そのためには、はじめから動くのではなく、パッサーの目線が下がって自分を観ていないときに動きます。つまり、ボールではなく相手の目を見て、相手の視野の状態をよく確認することが、予測させないことにつながります。
　つまり、縦パスのコースを切っているふりをして、ボール保持者が判断を変えられなくなった瞬間に、パスの受け手にアプローチするのです。あるいは、パスの受け手にアプローチするように１〜２歩動きだし、縦パスを出させてインターセプトします。
　数的不利な状況で守備をするときには、あえてボールにアプローチしないで、相手に選択肢を持たせて迷わせることによってスピードダウンさせ、味方が戻る時間を作ることもあります。

2　相手に予測させて、逆をつく

相手にわざと予測させて、その逆をつくプレーも有効です。

たとえば、クロアチア代表のルカ・モドリッチは、わざとパスコースを開けて、相手がそこにパスしたところをカットすることがよくあります。まさに、これが「相手に予測させて、逆をつく」プレーです。

また、相手のプレーの選択肢を予測しながら、プレーを変えられるようにする必要もあります。

岡田メソッドとは	1
プレーモデルの意義と全体像	2
共通原則	3
一般原則	4
個人とグループの原則	5
専門原則	**6**
ゲーム分析とトレーニング計画	7
コーチング	8
チームマネジメント	9

chapter **6**

第 6 章
専門原則 —— 戦術的要素を含んだチーム独自の約束事

「専門原則」は、対戦相手の戦い方への対応方法など、試合の詳細なシチュエーションを考慮した、チーム独自の戦術的要素を含む原則として整理しています。岡田メソッドが目指すサッカースタイルを構築するうえで、チーム固有のものです。また同時に、勝利を追求するためのものでもあります。

ここまで述べてきたテクニックや共通原則、一般原則などを理解したうえで導入する、チーム固有のものだと考えています。

また、専門原則には、我々FC今治の具体的なプレーの仕方や戦い方といった、独自の戦術的な要素も含まれています。そのため、本書では詳細な説明は控えさせていただき、基本的な考え方だけを説明したいと思います。

皆さんのチームで、独自の「専門原則」を作る際の参考にしてもらえれば幸いです。

1 攻撃の専門原則

　勝利を得るためには、自分たちのスタイルを貫くことと、相手の戦い方やレベルに応じて柔軟に対応していくことの両方が必要です。攻撃の専門原則は、相手の守備がどのエリアでプレスをかけてくるかに応じて、3つのパターンを使い分けています（図6-1）。

図6-1 ▶ 攻撃の専門原則の3パターン

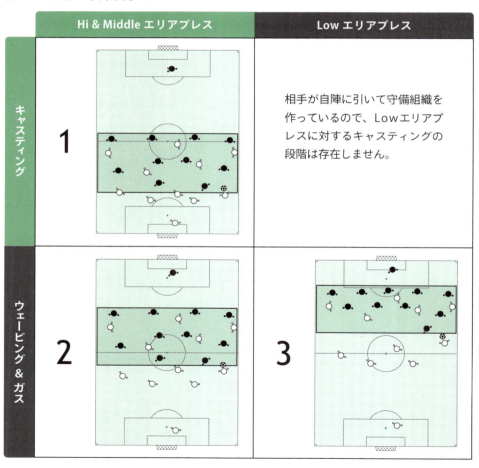

相手が自陣に引いて守備組織を作っているので、Lowエリアプレスに対するキャスティングの段階は存在しません。

1 相手の Hi & Middle エリアプレスに対するキャスティング

「基点と動点」の関係を作り、ボールを保持しながら相手の陣内へ前進するための原則です。基本的には、一般原則に基づいてチームとしてプレーしますが、専門原則では、相手のプレスのかけ方やシステムにより、サイドバックをわざと下げて相手を引き出しポケットを使うなど、動き方やスペースの作り方をさらに詳細に整理し、ポジションの役割も明確にしています。

2 相手の Hi & Middle エリアプレスに対するウェービング&ガス

相手の守備組織の隙を見逃さずに突破して、ゴールへ向かうための原則です。相手のファーストプレスを抜けたら、時間をかけずに突破のタイミングを見逃さないことが重要です。

そのために、ユニットで動いたり、「ポーズ」のタイミングを作ったりするなど、「モビリティの原則」で説明したことを、より具体的に整理しています。

3 相手の Low エリアプレスに対するウェービング&ガス

ゴール前に強固な守備組織を作った相手を崩すことは、世界中のサッカーチームの永遠の課題です。解決の方法の1つは、個の優位性を活かすことです。メッシやクリスティアーノ・ロナウドといった絶対的なアタッカー、ストライカーがいれば、相手を崩してゴールを奪う可能性は高まります。

そのような絶対的なアタッカーやストライカーを育てる努力はしつつも、チームとして組織的に相手を崩す方法を確立しなければならないと考えています。

岡田メソッドでは、アタッキングサードでの、相手の強固な守備組織を意図的に崩してゴールへ向かうための原則を、次のように整理しました。そして、フィニッシュの段階では、「GKと2対1」の状況を作ることを理想としています。

1 アタッキングサードの場所を名称化する
2 アタックの方法を4つに分類する

1　アタッキングサードの場所を名称化する

　アタッキングサードの攻略すべき場所に名前をつけました。これにより、チーム全体が狙うべき場所を共有し、素早く見つけることができます（図6-2）。

- ニアゾーンA：　　ボールサイドのゴールエリアとペナルティエリアの間
- ニアゾーンB：　　ボールと逆サイドのゴールエリアとペナルティエリアの間
- Kゾーン：　　　　センターレーンのゴールから30mまでのゾーン
- コーナーゾーン：　ペナルティエリアの外側のゾーン
- アングルエリア：　ペナルティエリアの角のエリア
- PKスポット：　　 PKスポットの周辺
- ポストスポット：　ボールと逆サイドのゴールポスト周辺

図6-2▶アタッキングサードの名称化

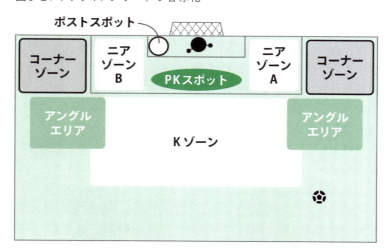

2　アタックの方法を4つに分類する

アタックの方法を4つに分類することで、ゲームの状況に応じた選手の判断やひらめきに委ねるだけでなく、再現性が高まると考えています。そのうちの1つを選択して攻める際、「相手の守備に、どのような変化が起こるか」をチーム全体の共通意識として、選手全員がプレーすることができるようにしています。アタックをパターン化するということではないので、注意してください。

① ブレイク

個の能力で局面を打開し、突破してゴールを狙います。

② サイドアタック

ビート、コンビネーションプレー、サイドチェンジを使って、コーナーゾーン、アングルエリアを攻略し、クロスを上げて得点を狙います。クロスの種類や、クロスに合わせる選手の入り方なども重要になります。

ゴール前（ゴールエリアからペナルティーマーク付近）を6つのスペースに分け、特に、ニアーポスト（GKの前＜鼻先＞）を9番、ファーポスト（GKの背中）を10番、カットバックのスペースを8番と呼び、クロスが上がるタイミングで必ず最低その3カ所に侵入することが、得点につながっていきます（図6-3）。

図6-3 ▶ サイドアタック

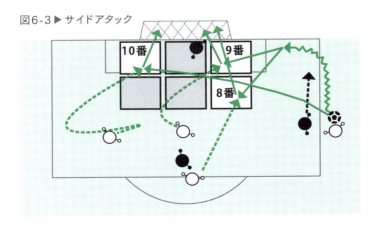

③ ニアゾーンアタック

ニアゾーンアタックは、2つあります。

1）ニアゾーンアタック（1）

　ボールがアングルエリアにあるときに、ニアゾーンAに走り込んで、守備の変化を引き出し、それに応じてプレーを選択し、得点を狙います（図6-4）。

図6-4 ▶ ニアゾーンアタック（1）

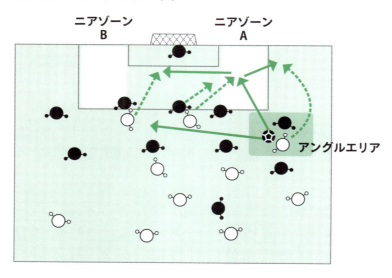

① **ニアーゾーンに走った選手を使う**
- ➡ ビートからシュート、またはクラップ
- ➡ ネイルやカットバックからシュート
- ➡ サイドに展開してクロス

② **ニアゾーンに走ることで、使わなくても、相手DFが引き出される**
- ➡ PKスポットが空く　➡ スルーパス（コントラピエ）やクロス
- ➡ ポストスポットが空く　➡ クロス
- ➡ Kゾーンが空く　➡ パスを入れる ➡ ミドルシュート
- ➡ ミドルシュート　　　　　　　　　　ブラッシングや壁パス

③ **アングルエリアからミドルシュート**

④ **攻撃をやり直す**

2）ニアゾーンアタック（2）

　ボールがセンターレーンにあるときに、ニアゾーンA・Bに外側から走り込んで、守備の変化を引き出し、それに応じてプレーを選択し、得点を狙います（図6-5）。

図6-5 ▶ ニアゾーンアタック（2）

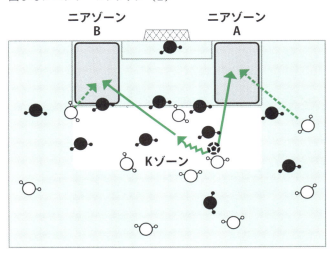

① ニアゾーンA・Bに走った選手を使う
　➡ 直接シュート、またはラストパス
② 直接ミドルシュート
③ 攻撃をやり直す

④ Kゾーンアタック

　Kゾーンにシャンクを入れて、守備の変化を引き出し、それに応じてプレーを選択し、得点を狙います。このゾーンで前を向いてボールを持つことができれば、シュートを打ったり、スルーパスを出したりすることが可能で、ビッグチャンスを作ることができます。

2　守備の専門原則

　守備の専門原則は、守備の方法を「ゾーンディフェンス」と「マッチアップディフェンス」の2つに分類して、それぞれの方法を原則として整理しています。さらに、「クロスに対する守備」「相手のカウンターアタックを対する守備」に関しても、原則として整理しています。

1　ゾーンディフェンスの方法

　ゾーンディフェンスの方法は、一般原則で説明した通りです。その中で、守備組織を作るゾーンやローピングの種類などを決定していきます。それらをもとに、ローピングで守備組織を作り、コンパクトフィールドを保ちながら、スペースを消します。
　そして、相手にプレスをかけ、ボールを奪いにいくチャンスを意図的に作りだし、全体でボールを奪いにいくようにします。

2　マッチアップディフェンスの方法

　マッチアップディフェンスとは、「ゾーンディフェンスに比べて、カバーリングよりマークを重要視した守備の方法」のことです。
　ゾーンディフェンスとの大きな違いは、ファーストポジションのとり方です。ポジション決定の優先順位は、次のようになります。

　① ボールの位置
　② 相手の位置
　③ 味方の位置

　これによって、チーム全体の守備の仕方が変わってきます。この順序は、マンツーマンで決めたマークにどこまでもついていくマンツーマンディフェンスとまったく同じです。

ただし、マンツーマンディフェンスは、基本的にカバーリングのことを考えませんが、マッチアップでは、可能なかぎりカバーリングのポジションをとります。また、自分のマークにボールが渡るときには、つねにプレスがかけられるポジションでなければなりません。それとともに、マークの受け渡しは、マンツーマンより頻繁に行われます。

今後は、攻撃側が局面に固まって数的優位を作るようになってくると、ゾーンでは対応できなくなり、マッチアップが増えてくるのではないかと思っています。

それならマンツーマンはどうかというと、まったくと言っていいほど選手に判断を求めず、ロボットのように相手についていくイメージがあるので、選手の自立をテーマとしている我々としては、育成年代では採用しません。

3 クロスからの攻撃に対する守備の方法

相手のクロスからの攻撃は、ボールとマークを同一視することが難しいため、失点の危険性が高くなります。したがって、クロスからの攻撃に対する守備の方法も、チームとして確立することが重要です。

クロスをあげる位置から直接シュートを打たれることはほとんどありません。シュートを打つのは、中にいる選手です。ゾーンであろうがマッチアップであろうが、中でシュートを打つ選手をしっかりと捕まえ、フリーにしないことが重要です。

4 カウンターアタックに対する守備の方法

失点の多くは、カウンターアタックによるものです。それを防ぐために、攻撃のときから、ボールを失った場合に備え、失った瞬間に守備の態勢を整え、失点のリスクを回避する必要があります。

通常、攻めているチームは、残っている相手FWより1人多い人数を残します。たとえば、相手FWが1人残っていたら、2人の選手を残すでしょう。でも、2人残っているだけでは、あまり意味がありません。私は、攻めているサイドの1メートル手前に1人、反対サイドの3メートル後ろに1人、配置させます（図6-6）。

ボールを失って、相手が残っているFWにパスをする場合、足元にくるパスは前の選手がカットし、裏に来るボールは後ろの選手がカバーするという役割を明確にしておきます。そうすることで、失点が劇的に減ります。

図6-6 ▶ カウンターアタックに対する守備

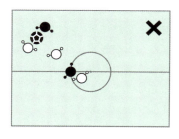
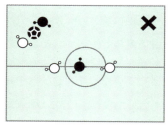
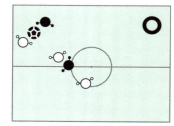

専門原則をどう作るか

　専門原則を作るときは、実際に試合中に必要だと感じたことを起点に考えていくのがポイントです。

　たとえば、リトリートされ、守備のブロックをしっかりと作られると、なかなか崩せないでしょう。どんな強いチームでも、その状態で完全に崩すのは簡単なことではありません。

　その場合、完全に崩す方法を考えるのではなく、相手がミスを犯す確率が高い方法を意図的に作ったり、ボールを失ってもすぐ取り返せる失い方をすることを考えるといいでしょう。

　さらに守備に関して言うと、たとえば、ロングボールが得意なチームに対しては、わざと中盤にスペースを作ってショートパスを多用させるとか、パスの苦手な選手にパスを出さざるをえないように追い込むなど、実際の試合で必要なことを積み重ねていくと、徐々に専門原則ができあがっていきます。

岡田メソッドとは	1
プレーモデルの意義と全体像	2
共通原則	3
一般原則	4
個人とグループの原則	5
専門原則	6

chapter 7 ゲーム分析とトレーニング計画

コーチング	8
チームマネジメント	9

第 7 章
ゲーム分析とトレーニング計画

　これまで説明してきたプレーモデルは、選手に「何を（What）」伝えるかです。コーチとして、何を伝えるかを学ぶことは、とても大切です。しかし、それと同様に重要なことは、選手に「どのように（How）」伝え、導くかです。
　そのためには、次の3つが重要になってきます。

1）ゲーム分析
2）トレーニング計画
3）コーチング

　この章では、「ゲーム分析」と「トレーニング計画」の方法について、詳しく説明をしていきます。
　岡田メソッドは、プレーモデルをバイブルとしているので、「ゲーム分析」と「トレーニング計画」を一体化することが可能です。PDCAサイクルを回しながら、改善を図ることができるのです（図7-1）。

図7-1 ▶ ゲーム分析とトレーニング計画

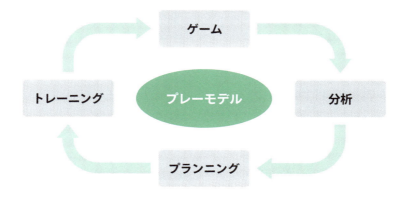

1　ゲーム分析

　私がプレーモデルをつくろうと思ったのは、コーチのサッカーを分析する観点を整理することも目的の1つでした。「自立した選手の育成」のためには、コーチがプレーモデルを「型」として持って、選手を導く必要があります。その際に重要なことは、プレーモデルの観点でゲームを観察し、選手1人ひとりのプレーが、プレーモデルに対して適切に行われているかを分析することです。

　サッカーには、さまざまな見方があります。どの見方が正しいとは言い切れません。ただ、分析の観点が定まらなければ、ゲームの中から成果や問題を的確に特定して、コーチングやトレーニングに生かすことはできません。また、明確な理想像や基準がないままにゲームを分析すれば、相手のスタイルや強さによって、抽出される成果や問題に左右されてしまい、理想とする状態に近づくことはできません。

　よく、M-T-M（マッチ、トレーニング、マッチ）という言葉が出てきます。これは、「試合を分析して（M）、問題点をトレーニングして（T）、次の試合に臨む（M）」という意味です。

　たとえば、最初の試合で、下がってブロックを作って守る相手を崩せなかった。すると、下がって守る相手を崩すトレーニングをします。ところが次の試合では、前からプレッシャーをかけてくる相手に対して、前へ進めなかった。これでは、トレーニングと試合が噛みあいません。

　そこで我々は、不変の原則であるプレーモデルと試合をつねに比べて、問題があったところをトレーニングします。そして次の試合に臨みます。すなわち、M-P-T-M（マッチ、プレーモデル、トレーニング、マッチ）と考えています。

　岡田メソッドでは、プレーモデルを基準として、どのようにゲームを分析するかを整理しています。また、ゲーム分析には、さまざまな目的がありますが、この本では、チームや選手を成長させるためのプランニングやコーチングの基盤になることを目指しています。

　コーチングスクールやセミナーへ行けば、さまざまな問題に対する対処法やトレーニング方法を教えてくれるでしょう。しかし、ゲ

ームを観る目は、誰も教えてくれません。

　試合中に「悪くはないが、何かうまくいっていないな」としか見えていなければ、どれだけ対処法を知っていても、打つ手が選べません。

　どこが、うまくいっていなくて、何が原因なのか？

　どこが、うまくいっていて、それは自分たちが良いのか、相手が悪いのか？

　プレーモデルに沿ってゲームを観ることで、それがわかるようになります。

 コラム11　過去のノートを見るな

　チームがうまく機能していないと、試合に勝てず、結果が出ません。そのとき、コーチは苦しいものです。何か助けがほしくなります。

　すると、私もそうでしたが、「以前に同じような状況があったな」と過去のノートを見て、そのときに成功した解決策を見つけて、「そうか、これだ」と同じ手を打とうとします。そして、たいてい失敗します。

　なぜかというと、同じ状況など絶対にないなかで、今見なければならない目の前の現場を見ないで、ノートを見て楽になろうとしているからです。どんなに苦しくても、目の前の現実を直視しなければなりません。答えは現場にあるのです。

　また、苦しいときに哲学書のようなものを読んで、「試合の勝ち負けなんて、人生において、たいした問題ではない」などと言って、楽になってはいけません。人間的な成長としてはいいことかもしれませんが、勝負に勝つという意味では、単なる現場からの逃避であり、問題解決にはならないことを肝に銘じたいところです。

1 ゲームの中から、成果や問題を特定する

サッカーは、複雑性の高いスポーツです。ゲームで起こっている現象を漠然と見ているだけでは分析できません。ゲーム分析の原則は、「大きなものから小さなもの」へ、分析の観点を変えていくことです。つまり、「全体から部分」「大局から局面」「概観から詳細」へと分析の観点を変えていくのです。プレーモデルに照らしあわせると、「共通原則」から「一般原則」「個人とグループの原則」「テクニックとプレーパターン」へと、分析の観点を移していくことになります（図7-2）。

図7-2 ▶ 分析の観点

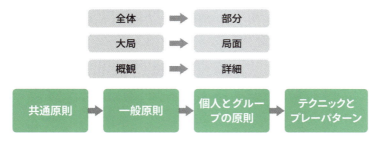

そして、ゲーム分析の最初の手順は、ゲームで起こっている現象から「成果」と「問題」を特定することです。その際には、2W（When/Where）の視点で観察すると効果的です。まず、ゲームで行われているプレーが、第3章で述べた「サッカーの4局面」のそれぞれの目的を達成できているかどうかを観察していきます。「4局面」を観察することは、成果や問題がいつ（When）起こっているかを特定することでもあります。

さらに、第3章で述べた「攻守の4段階」に応じてプレーが適切に実行されているかどうかを観察することで、より詳しく成果や問題を把握でき、どこで（Where）問題が起こっているかを特定できます（図7-3）。

一例を挙げると、図7-4のような分析の流れになります。

図7-3 ▶ ゲーム分析の方法

Game

攻撃（ボール保持）
① ゴールを奪う
② ボールを前進させ、シュートチャンスを作る
③ 攻撃権を失わないために、ボールを保持する

守備から攻撃（切換）
① 相手の守備の態勢ができないうちに攻める
② 奪ったボールを奪い返されず、攻撃の態勢を整える

攻撃の4段階
① **キャスティング**：自陣から、安定したボール保持の状態で、相手陣にボールを運ぶ
② **ウェービング**：人とボールが動いて、相手の守備組織を揺さぶり、ゴールへ向かって進入するコースを作る
③ **ガス**：相手の守備組織を崩して突破し、ゴールへ向かう
④ **フィニッシュ**：ゴールを仕留める

攻撃から守備（切換）
① 素早くボールを奪い返す
② 相手の攻撃を遅らせ、守備の態勢を整える

守備（非ボール保持）
① ゴールを守る
② 相手の攻撃を自由にさせず、制限をかける
③ ボールを奪う

守備の4段階
① **ハント**：ボールを失った瞬間に、素早くボールを奪い返そうとし、相手の攻撃を遅らせる
② **レディ**：ファーストポジションへ戻って、守備陣形を整え、意図的にボールを奪いにいくための準備をする
③ **スイッチ**：相手に規制をかけ、スイッチャーがボール保持者へ厳しくアプローチしたのを合図に、チーム全体で一気にボールを奪いにいく
④ **ドック**：ゴール前に強固な守備組織を形成し、ゴールを守りながら相手を押し戻す

図7-4 ▶ ゲーム分析の一例

① 攻撃の局面に問題がある。

② その中で、ボールを前進させ、シュートチャンスを作る目的が達成されていない。

③ さらに、「攻撃の4つの段階」を観察すると、「キャスティングの段階」では、自陣から安定したボール保持の状態で、相手陣にボールを運ぶことができている。

④ しかし、「ウェービングの段階」で、相手の守備組織を揺さぶり、ゴールに向かって進入するコースを作ることができていない。

⑤ つまり、「ウェービングの段階」に問題を抱えていることがわかる。

❷ 成果の要因や、問題の原因を明確化する

　成果や問題が特定されたら、次の手順は、「成果の要因」や「問題の原因」を明確にすることです。成果や問題を特定しても、「成果の要因」や「問題の原因」がわからなければ、プレーを改善できません。

　「成果の要因」や「問題の原因」を明確にする方法は、サッカーの目的を達成するために、チームとして、個人として、1つ1つのプレーが適切に行われているかを観察することです。つまり、一般原則や、個人とグループの原則に基づいてプレーが実行されているかを観察します。

　また、テクニックが適切に発揮されているかも観察する必要があります。その際には、3W1Hの視点で観察すると効果的です。

　そのプレーは「誰が（Who）」「何を（What）」「どのように（How）」「なぜ（Why）」おこなったかです。この手順で詳細に観察すれば、「成果の要因」や「問題の原因」を明確にすることができます（図7-5）。

　前述した「ウェービングの問題」に対しての「原因」を、一般原則と、個人とグループの原則に分けると次のようになります。

ウェービングの問題に対する原因

▶ **一般原則の観点からの原因の例**
- 適切な幅と深みを保ったファーストポジションがとれていない
- ボール保持者に対して、第1エリア、第2エリアのポジションがとれていない
- 相手の守備ラインを動かすことができていない
- インナーゾーンへ、ボールを動かすことができていない

▶ **個人とグループの原則の観点からの原因の例**
- ボール保持者に対して、2つのトライアングルを作ることができていない

- 状況に応じて、意図的にサポートをしていない
- パスと動きの優先順位に基づいて、プレーできていない
- パッサーとレシーバーのタイミングをコントロールできていない
- 意図的にパスとコントロールができていない
- 状況を詳しく認知することができていない

図7-5 ▶ 成果の要因、問題の原因を明確化する

5W1Hの分類		サッカーの場面における、具体的な項目
		共通原則（サッカーの仕組みや目的）から、成果や問題を特定
When	時間、状況、頻度	サッカーの4局面／時間帯／相手の状況
Where	場所、空間	攻守の4段階／3ゾーン／5レーン
		一般原則／個人とグループの原則／テクニックとプレーパターンから、成果の要因や、問題の原因を明確化
Who	関係する人物	特定の選手／各ポジションの選手／ONとOFFの選手／第1エリア〜第3エリアの選手
What	起こった出来事	攻撃の一般原則（優先順位／ポジショニング／モビリティ／ボールの循環） 守備の一般原則（優先順位／ポジショニング／バランス／プレッシング）
How	どのように、手段	攻撃の個人とグループの原則（サポート／パッサーとレシーバー／etc） 守備の個人とグループの原則（1対1の対応／チャレンジ＆カバー／etc） テクニックとプレーパターン
Why	理由、意図	選手の意図

3 情報を整理して、成果と要因／問題と原因を関連づける

　成果や問題を特定し、それらの要因や原因を明確にしたあとは、情報を整理する必要があります。分析をしたあとに、情報を整理しないまま放置すると、課題が山積みになった気分になります。そして、何から改善すればいいか迷ってしまうでしょう。しかし、整理をすることで、それらの事象が関連していることに気づき、選手に適確にアドバイスを送ったり、プランニングに反映させたりすることが可能になります。

　情報を整理するためには、次のことを行います（図7-6）。

① 分類する：　　共通の特徴をもとに分類、あるいは統合する
② 階層を分ける：重要度の違いや、優先順位によって分類する
③ 関連づける：　全体像の中での位置づけがわかるようにする

図7-6 ▶ 情報の整理①

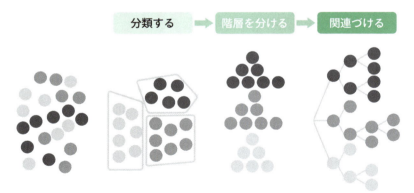

こうした作業をする際も、「大きなものから小さなものへ」という分析の原則と同じですが、プレーモデル自体が、上位的な概念から下位的な概念へと整理されているので、活用することができます。
　具体的には、図7-7のようになります。このようにまとめると、「成果と要因、それらのつながり」「問題と原因、それらのつながり」の関連性が明確に分かり、コーチングやプランニングに生かすことができます。

図7-7 ▶ 情報の整理②

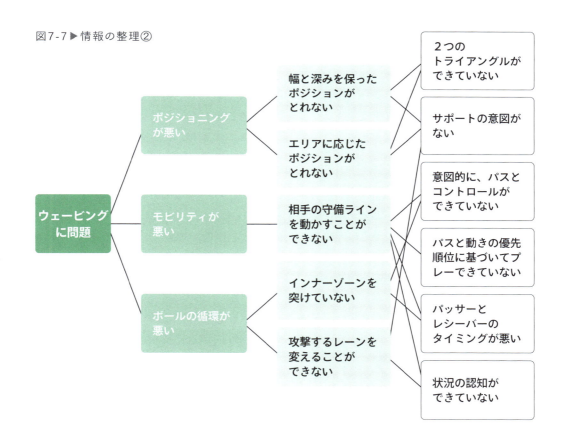

4　ゲーム分析から、プレーの分析

　ゲーム分析とは、これまで説明してきたように、ゲーム全体から成果や問題を特定し、それらの要因や原因を明確にし、整理をし、課題を設定することです。そして、プレーの分析は、1つ1つのプレーの成功の要因と失敗の原因を明確にし、課題を設定することです。

　分析の手法は、基本的には、ゲーム分析もプレーの分析も同じです。また、ほとんどの場合、ゲーム分析とプレーの分析はつながっています。しかし、プレーの分析のほうが、分析の観点がより細かくなり、個人とグループの原則やテクニックが主な観点となります。

　ここでは、「1stDFが、ボール保持者に寄せることができない」という問題を例として、プレーの分析を説明しましょう。

　「原因」は、次のようなことが考えられますが、さらに下位の階層レベルに原因がある可能性もあります。

● マークの原則に基づいて、ポジションがとれない
　➡ ボールとマークを同一視できていない
　➡ マークとの距離を、状況に応じて修正できない

● 意図的にアプローチができていない
　➡ アプローチのスタートが遅い
　➡ マークがボールをコントロールする際の対応が悪い

　また、原因が、上位の階層にある可能性もあります。部分的な要素に問題があるのか、全体的な要素に問題があるのかを見極める必要があります。たとえば、次のような原因です。

● チーム全体のファーストポジションが整っていない（図7-8）

図7-8 ▶ プレーの分析

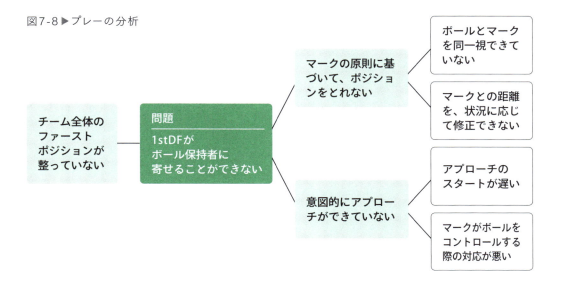

　実際のゲームやトレーニングの場面では、ゲーム分析およびプレーを分析しながら、即座にこのような整理を頭の中で行い、コーチングをしなければいけません。

　試合中にうまくいっていない原因は、たった1人の選手の問題なのか？（下位階層のプレーの問題）

　それとも、システムや戦術のアンマッチなのか？（上位階層の戦い方の問題）

　これを見抜くのが、コーチの大事な仕事です。1人の選手のポジションを修正したり交代すればいいところを、システムを変更して墓穴を掘ってしまう、あるいは、大きく戦術変更をしなければならないときに、選手を交代しただけで状況を変えられない、といったことになりかねません。これがわからないと、優れた采配は振れません。

　慣れないと難しい側面があるかもしれませんが、これまで述べてきたような分析の方法を繰り返していくことによって分析力が向上し、自然とできるようになっていくものです。

5 ゲーム分析のフレームワーク

　ゲーム分析には、これまで述べたきたように、基本的な手順があります。さらに岡田メソッドでは、プレーモデルに基づいて、よりシンプルで適確な分析ができるように、フレームワーク（分析シート）を活用しています（図7-9～13）。

　毎試合、毎回のトレーニングで、すべての分析項目をチェックするわけではありません。しかし、これらの分析の流れと項目を頭に入れておくことで、分析の観点が定まり、コーチの分析力を向上させていくことを目的としています。

　また、共通の分析の観点を持つことで、プレーモデルに基づいた指導が、クラブ全体で可能になると考えています。

図7-9 ▶ ゲーム分析の4ステップ

STEP 1 成果と問題を「認識」する
「サッカーの4局面」の目的からの評価

STEP 2 成果と問題を「明確に」する
「攻守の4段階」の目的からの評価

STEP 3 成果の要因と、問題の原因を「明確に」する
一般原則からの評価

STEP 4 成果の要因と、問題の原因を「深掘り」する
個人とグループの原則／テクニックとプレーパターンからの評価

図7-10 ▶ STEP 1：成果と問題を「認識」する

分析項目		評価
全般	チームに一体感があり、生き生きと主体的にプレーしている	
	勝利を目指して、ひたむきにプレーしている	
	サッカースタイルを具現化しようとしている	
攻撃	ゴールを奪うことができている	
	ボールを前進させ、シュートチャンスを作ることができている	
	攻撃権を失わないように、ボールを保持することができている	
切換 攻撃 ➡ 守備	素早くボールを奪い返すことができている	
	攻撃を遅らせ、守備の態勢を整えることができている	
守備	ボールを奪うことができている	
	相手の攻撃を自由にさせずに、制限をかけることができている	
	ゴールを守ることができている	
切換 守備 ➡ 攻撃	相手の守備の態勢が整わないうちに攻めることができている	
	奪ったボールを奪い返されず、攻撃の態勢を整えることができている	

図7-11 ▶ STEP 2：成果と問題を「明確に」する

分析項目		評価
キャスティング	自陣から、安定したボール保持の状態で、相手陣にボールを運ぶことができている	
ウェービング	人とボールが動いて、相手の守備組織を揺さぶり、ゴールへ向かって進入するコースを作ることができている	
ガス	相手の守備組織を崩して突破し、ゴールへ向かうことができている	
フィニッシュ	ゴールを仕留めることができている	
ハント	ボールを失った瞬間に、素早くボールを奪い返そうとし、相手の攻撃を遅らせることができている	
レディ	ファーストポジションへ戻って、守備陣形を整え、意図的にボールを奪いにいくための準備ができている	
スイッチ	相手に規制をかけ、スイッチャーがボール保持者へ厳しくアプローチしたのを合図に、チーム全体で一気にボールを奪いにいくことができている	
ドック	ゴール前に強固な守備組織を形成し、ゴールを守りながら相手を押し戻すことができている	

図7-12 ▶ STEP 3：成果の要因と、問題の原因を「明確に」する

分析項目		評価
攻撃の優先順位	**攻撃の目的から逆算したプレーをすることができている**	
	攻撃の優先順位を意識してプレーすることができている	
	アドバンテージのあるスペースを狙うことができている	
ポジショニング	**スペースを作り、選手間の適切な距離を保ち、位置的優位性を作ることができている**	
	深さを作ることができている（3ラインの形成）	
	幅を作ることができている（レーンを考慮する）	
	エリアに応じたポジショニングと役割が果たせている（第1エリア〜第3エリア）	
	基点と動点の役割が果たせている	
モビリティ	**相手のバランスを崩して、スペースと数的優位を作り出すことができている**	
	相手のラインを動かすことができている	
	ユニットを組んで動くことができている	
ボールの循環	**効果的にボールを動かすことができている**	
	素早く動かすことができている	
	相手のライン間にボールを出し入れすることができている（インナーゾーンを突く）	
	攻撃するレーンを効果的に変えることができている	
個の優位性	**相手に対して優位性のある選手を使うことができている**	
	相手より優位性の高い選手を意図的に使って攻めることができている	
	優位性のある選手を使うとみせかけ、守備が薄くなったところを使うことができている	

[→ 右頁へ続く]

分析項目		評価
守備の優先順位	**守備の目的から逆算したプレーをすることができている**	
	守備の優先順位を意識してプレーすることができている	
	危険なスペースから埋めていくことができている	
ポジショニング	**スペースを消し、選手間の適切な距離を保ち、位置的優位性を作ることができている**	
	ローピングを形成して、相手の攻撃を前進させないようにできている	
	エリアに応じたポジショニングと役割が果たせている（第1エリア～第3エリア）	
バランス	**適切なポジショニングを保ちつづけ、スペースを与えない。または、マークを自由にさせないことができている**	
	ライン間の距離を維持することができている（コンパクトフィールドの形成）	
プレッシング	**相手に規制を掛け、数的優位を作り、ボールを奪うことができている**	
	前線から規制することができている（レーンを変えさせない）	
	ボールを奪いにいくスイッチを入れることができている	
	全体でリンクしてボールを奪いにいくことができている	
個の優位性	**相手に対して優位性のある選手で抑えることができている**	
	個の優位性で、局面を守ることができている	
	相手より優位性の高い選手を意図的に使って守ることができている	

図7-13 ▶ STEP 4：成果の要因と、問題の原因を「深掘り」する

分析項目			評価
個人とグループの原則（攻撃）	認知（観る）の原則	状況を観て、分析のための情報を収集することができている	
	パスと動きの優先順位の原則	パスの優先順位、動きの優先順位にしたがってプレーできている	
	ポジショニングの原則	ダイヤモンドシェイプを理想としながら、2つのトライアングルの形成ができている	
	サポートの原則	状況に応じて、意図的にサポートし、パス＆サポートができている	
	パッサーとレシーバーの原則	選択肢が持てるところにボールをコントロールすることができている	
		レシーバーが次のプレーをスムーズにできるパスを出すことができている	
		パスを出す、受けるタイミングをシンクロさせることができている	
	マークを外す動きの原則	自分のマークを外して、フリーでボールを受けることができている	
	ドリブルの原則	意図的にドリブルをし、局面を有利にすることができている	
	シュートの原則	シュートチャンスを逃さずに、意図的にシュートを打つことができている	
	インテリジェンスの原則	プレーの意図を持って、プレーの意図を隠す工夫ができている	

［➡ 右頁へ続く］

分析項目			評価
個人とグループの原則（守備）	認知（観る）の原則	状況を観て、分析のための情報を収集することができている	
	パスコースを消す優先順位の原則	パスコースを消す優先順位に従って、パスコースを消す（守る）ことができている	
	マークの原則	自分のマークに対して、有利にプレーできる位置をとることができている	
	アプローチの原則	意図的にアプローチし、ボールを奪うチャンスを作り出すことができている	
	1対1の対応の原則	ボール保持者の自由を奪い、制限を加えることができている	
	チャレンジ＆カバーの原則	ボール保持者へのチャレンジとカバーリングを繰り返しながら、守備を安定させることができている	
	インテリジェンスの原則	プレーの意図を持って、プレーの意図を隠す工夫ができている	
テクニックとプレーパターン	テクニック	正確にテクニックを発揮することができている	
		左右の差なく、ボールを扱うことができている	
		プレッシャーの中でも、テクニックを発揮することができている（動きながらのテクニック）	
	プレーパターン	デカラを効果的に使うことができている	
		ブラッシングを効果的に使うことができている	
		シャンクを効果的に使うことができている	
		ドライブを効果的に使うことができている	
		プロテクトを効果的に使うことができている	

岡田メソッドでは、すべての活動に対して「Good/Bad/Next」で振り返ることを大切にしています。

「よかったこと（Good）」
「悪かったこと（Bad）」
「次にどうするか（Next）」

これらをその日の練習や試合で、選手同士で話し合わせます。また個人についても、同じように振り返りをします。コーチも、ゲーム分析においてこの「振り返りシート」を活用しています（図7-14）。

図7-14 ▶ 振り返りシート

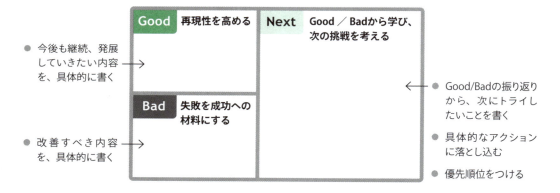

　私は、トレーニングやゲームの前に、細部にこだわって準備をしてきました。その際には想像力を生かして、さまざまなシミュレーションをしてきました。そして、トレーニングやゲームが終わったあとは、頭の中で追体験をして、振り返りを行ってきました。この作業が、コーチを成長させるためには必要だと考えています。
　前掲した「分析シート」は、コーチが、分析する手順や観点を整理するためのフレームワークです。毎回のゲームで活用するには時間的に難しいかもしれません。しかし、この「振り返りシート」であれば、簡単に実施でき、毎回のゲーム、あるいはトレーニングで活用することで、コーチとしてのレベルアップができると考えています。

2 トレーニング計画（プランニング）

　岡田メソッドでは、16歳までにプレーモデルを身につけるための長期的なトレーニング計画があります。具体的には、年代別に4つに分け、それぞれにトレーニングテーマを設定しています。

　また、テーマに対するトレーニングの参考になるように、トレーニングエクササイズ（メニュー）集も作っています。しかし、トレーニングをマニュアル化することを目的とはしていません。あくまで参考です（図7-15）。

図7-15 ▶ トレーニング計画の4つの段階

1　プレーモデルに基づいて、長期的（16歳まで）なトレーニング計画を立てる
- 年齢別で段階的に学べるような計画を立てる
  - ⇒ 選手の成長過程（発育発達）に合わせて獲得させたい要素を年代別に設定する
  - ⇒ 各年代で獲得させたい要素から、トレーニングテーマを設定する
  - ⇒ 年齢別のトレーニングテーマを参考にしながら、目の前の選手のレベルに応じて調整する

2　年間のトレーニング計画を立てる
- 一年間をいくつか（2〜4）の周期に分ける
  - 例：6カ月周期（2サイクル）、3カ月周期（4サイクル）など
- 各周期のなかで獲得させたいテーマを設定する
- 選手の上達具合をみながら、計画を修正していく

3　週間のトレーニング計画を立てる
- 週間のトレーニング回数を設定する
- 週末のゲームに対する準備を考慮しながら、トレーニング計画を調整する

4　1日のトレーニング計画を立てる
- トレーニングセッションの組み立て方を決める
- エクササイズを作成する

コーチ自身が、前述したゲーム分析を基に、目の前の選手に適した課題を設定し、トレーニング計画を作成して、コーチングすることが重要です。そのためのプランニングの考え方を、岡田メソッドとして整理しています。そして、PDCAサイクルを回しながら、継続的な改善を目指すことができるようにしています（図7-1：再掲）。

図7-1（再掲）▶ゲーム分析とトレーニング計画

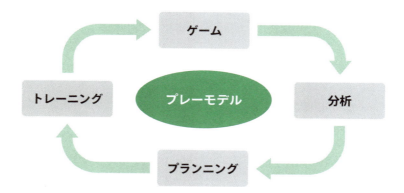

1 長期的なトレーニング計画（9〜16歳まで）

　岡田メソッドではプレーモデルがあるので、長期的な視野でプランニングが可能となります。プランニングは次の2つがあります。

①　各年代でトレーニングテーマとなる、プレーモデルの要素
②　トレーニングテーマの設定

1　各年代でトレーニングテーマとなる、プレーモデルの要素

　まず発育発達に応じて、どの年代でプレーモデルのどの要素をトレーニングテーマとして設定するかの指標を作っています。この指標は、選手の習熟度によっても異なってきます。また、プレーモデルは、さまざまな要素が関連しあっているので、1つの要素を習得して次の要素に移るというように、ぶつ切りに学ぶことはできません。次頁の図7-16をご覧ください。濃い色で表しているのは、各年代でのトレーニングテーマのメインとなる要素で、他の要素が関連していることも示しています。

　共通原則は、サッカーの基本的な仕組みや目的です。したがって、年齢の低い年代でも、必要に応じて意識させることが大切です。

　一般原則は、チームプレーの基本になります。味方と協力してプレーができる年代、論理的な思考ができる年代に入ったら、少しずつ導入していきます。これは、13〜15歳にかけてのメインのテーマとなります。

　個人とグループの原則は、サッカー選手としてのベースになる部分です。11〜13歳にかけて、これがメインのテーマとなります。また、テクニックと切り離せないので、同時に働きかけていくことになります。

　専門原則は、対戦相手との戦い方やシステムへの対応など、チーム戦術的な要素が入ってきます。したがって、個人とグループの原則や一般原則を理解したうえで、14歳ぐらいから徐々に意識させはじめ、15歳以降にメインのトレーニングテーマとします。

プレーモデルだけでなく、テクニックやプレーパターンを獲得させることも忘れてはいけません。第1章でも述べましたが、テクニックがあって初めてプレーモデルという「原則」が生きてきます。12歳までに、あらゆるテクニックを正確に発揮できるように向上させておくことが重要です。発育発達という観点からみて、最もテクニックが伸びるのが、9〜13歳にかけての時期です。

図7-16▶トレーニングテーマのメインとなる要素

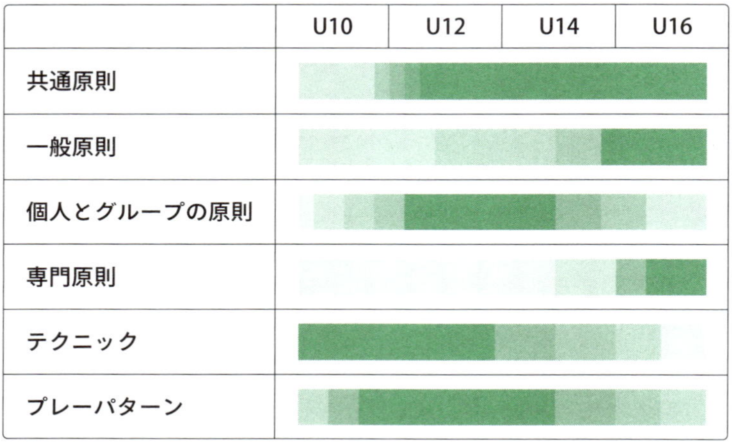

	U10	U12	U14	U16
共通原則				
一般原則				
個人とグループの原則				
専門原則				
テクニック				
プレーパターン				

2　トレーニングテーマの設定

　前項で述べたことを踏まえて、岡田メソッドでは、プレーモデルを理解するためのトレーニングテーマを4つの段階に分けて設定しています。それが、U10（基礎Ⅰ）、U12（基礎Ⅱ）、U14（基礎Ⅲ）、U16（基礎Ⅳ）の4つです。この4段階は、年齢を基にして分けていますが、選手の習熟度によっても異なりますので、基礎Ⅰ～Ⅳと捉えて、目の前の選手のレベルに応じて調整します。

　U10とU12のトレーニングテーマは、1つ1つのプレーのクオリティを上げていくことを目的としています。したがって、個人とグループの原則から働きかけていくことが中心となります。ゲームで発揮されるプレーのクオリティを積み上げていきながら、ゲームの全体像を構築できるようにテーマを設定しています。

　また、U10とU12のそれぞれのトレーニングテーマは、基本的には同じものです。しかし、選手の理解力が異なるので、コーチの要求や働きかけ方をレベルに応じて調整する必要があります。そして、トレーニングエクササイズも難易度を考慮して、理解しやすくなるような工夫をします（図7-17）。

　U14とU16のトレーニングテーマは、つねにサッカーの全体像を捉えてプレーができることを目的に設定しています。したがって、共通原則の「サッカーの4局面」とその目的を達成するために、攻

図7-17 ▶ U10/12　トレーニング（TR）サイクル

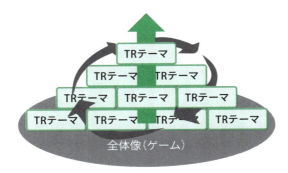

- ゲームで必要なプレーを、メインのテーマとして設定
- 設定されたテーマを積み上げる

守の4段階において、どのようにプレーをするかを一般原則から働きかけることを中心としたテーマ設定になっています。

ただし、全体像を捉えながら指導しながらも、プレーのクオリティを向上させることも忘れてはいけません。そしてコーチには、ゲーム分析に基づいて課題を設定してプランニングしていく能力が、U10やU12世代を指導するときより求められてきます（図7-18）。

基本的に、U14とU16のトレーニングテーマは同じです。しかし、U14のトレーニングテーマには、個人とグループの原則に関する基礎的なテーマを入れています。U14年代では、全体像を捉えたトレーニングだけでは、1つ1つのプレーのクオリティは向上しません。つねに、全体像を捉えたトレーニングと、プレーのクオリティを上げて積み上げていくトレーニングを組み合わせていく必要があります。U16のトレーニングは、U14よりもゲームのシチュエーションを意識したエクササイズになり、11対11のゲームを想定したエクササイズが多くなります。

具体的なテーマ設定は、図7-19〜22をご覧ください。このテーマ設定も、PDCAサイクルを繰り返すなかで、つねに改善を図っていきます。そして、指導者自身がプレーモデルを理解し、それを選手に伝えていくために、どのようなテーマ設定をすればよいかを考えることが重要です。岡田メソッドのテーマ設定を参考にしながら、目の前の選手に応じて工夫してみてください。

図7-18 ▶ U14とU16のTRサイクル

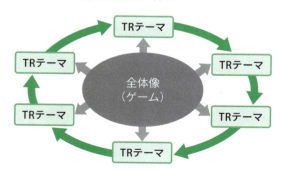

- サッカーの4局面と攻守の4段階をメインのテーマとして設定
- 自チームに必要なテーマをゲーム分析を基に抽出し、トレーニングサイクルを繰り返しながら強化していく

図7-19▶U16のトレーニングテーマ

トレーニングテーマ			
U16（基礎Ⅳ）			
攻撃	共通原則／一般原則　サッカーの4局面と攻守の4段階からテーマを設定	キャスティング	自陣からボールを保持して、確実にハーフウェイラインを越える
		ウェービング	インナーゾーンを突きながら、相手を寄せて展開し、ゴールへ侵入するコースを作る
			シャンクを効果的に使い、攻撃のスイッチを入れる
		ガス&フィニッシュ	ブレイクで相手の守備組織を崩してゴールを狙う（ブレイク）
			ニアゾーンを狙うことで、相手の守備組織を変化させ、空いたスペースからゴールを狙う（ニアゾーンアタック）
			シャンクからコンビネーションプレーを使って突破し、ゴールを狙う（Kゾーンアタック）
			サイドレーンを攻略して、クロスからゴールを狙う（サイドアタック）
守備	共通原則／一般原則　サッカーの4局面と攻守の4段階からテーマを設定	ハント	ボールを失った瞬間に、素早くボールを奪い返そうとし、相手の攻撃を遅らせる
		レディ	ファーストポジションに戻って、守備陣形を整え、意図的にボールを奪いにいくための準備をする
		スイッチ	相手に規制をかけ、スイッチャーがボール保持者へ厳しくアプローチしたのを合図に、チーム全体で一気にボールを奪いにいく
		ドック	ゴールを守りながら相手を押し戻し、ボールを奪うチャンスを作る
			相手のクロスからの攻撃に対応して、ゴールを守る

図7-20 ▶ U14のトレーニングテーマ

トレーニングテーマ			
U14（基礎Ⅲ）			
攻撃	個人とグループの原則／テクニックとプレーパターン サッカーに必要なプレーをテーマとして設定	認知（観る）	すべてのテーマに含まれるので、TRテーマとしては設定しない
		パスの動きの優先順位	すべてのテーマに含まれるので、TRテーマとしては設定しない
		パス＆レシーブ	意図的にパスとコントロールをして、ゴールへ向かう
		ドリブル	自らボールを意図的に運び、局面を有利にする
		シュート	［☞ U12（基礎Ⅱ）参照］
		サポート	意図的にサポートしてボールを保持し、前進する
		ポジショニング	ダイヤモンドシェイプを理想としながら状況に応じて、2つのトライアングルを形成し、ボールを前進させる
		マークを外す動き	相手と駆引きしてマークを外し、「ポーズ」のタイミングで動き出して、パスを受ける
		インテリジェンス	すべてのテーマに含まれるので、TRテーマとしては設定しない
	共通原則／一般原則 サッカーの4局面と攻守の4段階からテーマを設定	キャスティング	自陣からボールを保持して、確実にハーフウェイラインを越える
		ウェービング	インナーゾーンを突きながら、相手を寄せて展開し、ゴールへ侵入するコースを作る
		ガス＆フィニッシュ	シャンクを効果的に使い、攻撃のスイッチを入れる
			ブレイクで相手の守備組織を崩してゴールを狙う（ブレイク）
			ニアゾーンを狙うことで、相手の守備組織を変化させ、空いたスペースからゴールを狙う（ニアゾーンアタック）
			シャンクからコンビネーションプレーを使って突破し、ゴールを狙う（Kゾーンアタック）
			サイドレーンを攻略して、クロスからゴールを狙う（サイドアタック）

＊TR＝トレーニング（以下同様）　　　［→ 右頁へ続く］

トレーニングテーマ			
\multicolumn{3}{c|}{}	U14（基礎Ⅲ）
守備	個人とグループの原則／テクニックとプレーパターン サッカーに必要なプレーをテーマとして設定	認知（観る）	すべてのテーマに含まれるので、TRテーマとしては設定しない
		パスコースを消す優先順位	すべてのテーマに含まれるので、TRテーマとしては設定しない
		マークの原則	ボールのないところ（Off the ball）から準備して、主導権を持って1対1の対応をする
		アプローチ／1対1の対応	
		チャレンジ＆カバー	ボール保持者へのチャレンジとカバーリングを繰り返しながら、守備を安定させる
		インテリジェンス	すべてのテーマに含まれるので、TRテーマとしては設定しない
	共通原則／一般原則 サッカーの4局面と攻守の4段階からテーマを設定	ハント	ボールを失った瞬間に、素早くボールを奪い返そうとし、相手の攻撃を遅らせる
		レディ	ファーストポジションへ戻って、守備陣形を整え、意図的にボールを奪いにいくための準備をする
		スイッチ	相手に規制をかけ、スイッチャーがボール保持者へ厳しくアプローチしたのを合図に、チーム全体で一気にボールを奪いにいく
		ドック	ゴールを守りながら相手を押し戻し、ボールを奪うチャンスを作る
			相手のクロスからの攻撃に対応して、ゴールを守る

図7-21 ▶ U12のトレーニングテーマ

トレーニングテーマ			
U12（基礎Ⅱ）			
攻撃	個人とグループの原則／テクニックとプレーパターン	認知（観る）	すべてのテーマに含まれるので、TRテーマとしては設定しない
		パスの動きの優先順位	すべてのテーマに含まれるので、TRテーマとしては設定しない
		パス＆レシーブ	意図的にパスとコントロールをする
			パッサーとレシーバーのタイミングを合わせる
			デカラやブラッシングを効果的に使う
			前を向く、ボールコントロール
			スルーパスを使って相手の背後を狙う
		ドリブル	ドライブを効果的に使う
			プロテクトを効果的に使う
			ビートを効果的に使う
		シュート	シュートチャンスを逃さずに、意図的にシュートをする
		サポート	サポートの意図を理解する
			状況に応じて意図的にサポートし、パス＆サポートを徹底する
		ポジショニング	ダイヤモンドシェイプを理想としながら、状況に応じて２つのトライアングルを形成し、ボールを前進させる
		マークを外す動き	自分のマークを外して、フリーでボールを受ける
		インテリジェンス	すべてのテーマに含まれるので、TRテーマとしては設定しない
	共通原則／一般原則	キャスティング＆ウェービング	ボールを保持しながら前進し、相手の守備組織を揺さぶる
		ガス＆フィニッシュ	相手の守備組織を崩して、シュートを決める

［➡ 右頁へ続く］

トレーニングテーマ			
U12（基礎Ⅱ）			
守備	個人とグループの原則／テクニックとプレーパターン	認知（観る）	すべてのテーマに含まれるので、TRテーマとしては設定しない
		パスコースを消す優先順位	すべてのテーマに含まれるので、TRテーマとしては設定しない
		マークの原則	自分のマークに対して有利にプレーできる位置をとる
		アプローチ／1対1の対応	意図的にアプローチし、相手の自由を奪い、ボールを奪う
		チャレンジ＆カバー	ボール保持者へのチャレンジとカバーリングを繰り返しながら、守備を安定させる
		インテリジェンス	すべてのテーマに含まれるので、TRテーマとしては設定しない
	共通原則／一般原則	ハント／レディ＆スイッチ	正しいポジションをとりつづけながら、チームとして意図的にボールを奪いにいく
		ドック／レディ	ゴールを守りながら相手を押し戻し、ボールを奪うチャンスを作る

図7-22 ▶ U10のトレーニングテーマ

トレーニングテーマ U10（基礎Ⅰ）			
攻撃	個人とグループの原則 テクニックとプレーパターン	認知（観る）	すべてのテーマに含まれるので、TRテーマとしては設定しない
		パスの動きの優先順位	すべてのテーマに含まれるので、TRテーマとしては設定しない
		パス＆レシーブ	意図的にパスとコントロールをする
			パッサーとレシーバーのタイミングを合わせる
			デカラやブラッシングを効果的に使う
			前を向く、ボールコントロール
			スルーパスを使って相手の背後を狙う
		ドリブル	ドライブを効果的に使う
			プロテクトを効果的に使う
			ビートを効果的に使う
		シュート	シュートチャンスを逃さずに、意図的にシュートをする
		サポート	サポートの意図を理解する
			状況に応じて意図的にサポートし、パス＆サポートを徹底する
		ポジショニング	状況に応じて、2つのトライアングルを形成する
		マークを外す動き	自分のマークを外して、フリーでボールを受ける
		インテリジェンス	すべてのテーマに含まれるので、TRテーマとしては設定しない

［➡ 右頁へ続く］

トレーニングテーマ			
U10（基礎Ⅰ）			
守備	個人とグループの原則 テクニックとプレーパターン	認知（観る）	すべてのテーマに含まれるので、TRテーマとしては設定しない
		パスコースを消す優先順位	すべてのテーマに含まれるので、TRテーマとしては設定しない
		マークの原則	自分のマークに対して有利にプレーできる位置をとる
		アプローチ／1対1の対応	意図的にアプローチし、相手の自由を奪ってボールを奪う
		チャレンジ＆カバー	ボール保持者へのチャレンジとカバーリングを繰り返しながら、守備を安定させる
		インテリジェンス	すべてのテーマに含まれるので、TRテーマとしては設定しない

2 年間のトレーニング計画

　岡田メソッドでは、コーチは、設定されているトレーニングテーマをもとに、年間のトレーニング計画を立てていきます。サッカーのトレーニングは、1つのテーマが終わって次のテーマに移るという性質のものではありません。

　また、複数のテーマをランダムにトレーニングしても、獲得させたいことを積み上げることはできません。トレーニングにおいては、螺旋を描くように、さまざまなテーマを繰り返しながら積み上げていく計画を立てる必要があります。

　そのために、1年間をいくつかのトレーニングサイクルに分けています。たとえば、6カ月周期なら2サイクル、4カ月周期なら3サイクル、3カ月周期なら4サイクル、2カ月周期なら6サイクルとなります。

　そして、周期ごとにトレーニングテーマを設定していきます。このようなトレーニングサイクルの作り方は、目の前の選手のレベル、トレーニング回数などによって異なりますので、コーチ自身が適切なサイクルを考える必要があります。

　たとえば、トレーニングテーマの数が18個あるとします。そして、トレーニングサイクルを4カ月周期の3サイクルにした場合は、次のように設定します（図7-23：上）。

第1サイクル：①〜⑥テーマ
第2サイクル：⑦〜⑫テーマ
第3サイクル：⑬〜⑱テーマ

　また、トレーニングサイクルを2カ月周期の6サイクルにした場合、第4〜第6サイクルでは、第1〜第3サイクルのテーマを繰り返すという設定方法もあります（図7-23：下）。

　そして、トレーニングテーマの順番をどうするかも、目の前の選手のレベルに応じて、選手がプレーモデルを理解しやすいように考えていく必要があります。

　ここまで、1年間のトレーニングサイクルの説明をしましたが、

岡田メソッドでは、2歳区切りのトレーニングテーマを設定しています。つまり、大きく捉えれば、12カ月の周期を2サイクル繰り返すという考え方です。

このように、トレーニングサイクルを作り、獲得させたいテーマをバランスよく配置してトレーニングを繰り返すことで、確実に効率的にプレーモデルを理解できると考えています。当然ながら、トレーニングの進行状況やゲーム分析に基づいて、計画は変更すべきです。

ただし、最初に計画がなければ、その変更は行き当たりばったりのものとなるでしょう。また、最初は1年間を見通してプランニングをすることは難しいかもしれません。しかし、PDCAサイクルを繰り返していけば、徐々にプランニングの精度が向上していきます。

ときには、同じテーマを何度も繰り返すことになります。当初は同じことを繰り返すことに疑問を持つかもしれませんが、やってみると、同じトレーニングでも新たな伝え方を発見したり、条件を変えてより良いトレーニングを作れたりします。そのためには、最初からすべてを完璧に考えなくても、まずは、やりはじめてみることが大切です。

図7-23 ▶ トレーニングサイクル

3 週間のトレーニング計画

　年間のプランニングができたら、トレーニングテーマを週間のプランニングに落とし込んでいきます（図7-24）。実際には、年間のプランニングをする段階で、同時に、週間のプランニングも作っておきます。そして、トレーニングの進行状況、ゲーム分析から出てきた課題に基づいて、プランニングを修正していきます。

　岡田メソッドでは、プランニングシートを使って、トレーニング計画を立てています。それをもとに、年間のトレーニングサイクルを作り（図7-25）、週間ごとにトレーニングテーマを設定できるようにしてあります。1週間のトレーニングが終わったあとに、週間のトレーニングを「Good/Bad/Next」で振り返ります。

　さらに、週末のゲーム分析から出てきた課題を反映させ、プランニングの修正をPDCAサイクルで行えるようにしています。また、1つのサイクルが終わったあとでも、「Good/Bad/Next」で振り返り、プランニングを修正します。

図7-24 ▶ 週間プランニング

図7-25 ▶ 年間プランニング

第1サイクル：			月　　日〜　　月　　日：						カ月
目標									
各週	日付		テーマ／項目						
			月	火	水	木	金	土	日
1 week	2 月 17 日 〜	2 月 23 日							
2 week	2 月 24 日 〜	3 月 1 日							
3 week	3 月 2 日 〜	3 月 8 日							
4 week	3 月 9 日 〜	3 月 15 日							
5 week	3 月 16 日 〜	3 月 22 日							
6 week	3 月 23 日 〜	3 月 29 日							
7 week	3 月 30 日 〜	4 月 5 日							
8 week	4 月 6 日 〜	4 月 12 日							
9 week	4 月 13 日 〜	4 月 19 日							
10 week	4 月 20 日 〜	4 月 26 日							
11 week	4 月 27 日 〜	5 月 3 日							
12 week	5 月 4 日 〜	5 月 10 日							
13 week	5 月 11 日 〜	5 月 17 日							
テーマの回数			1　　回	2　　回	3　　回	4　　回	5　　回	6　　回	7　　回	8　　回
Good					Bad			Next		

第2サイクル：			月　　日〜　　月　　日：						カ月
目標									
各週	日付		テーマ／項目						
			月	火	水	木	金	土	日
14 week	5 月 18 日 〜	5 月 24 日							
15 week	5 月 25 日 〜	5 月 31 日							
16 week	6 月 1 日 〜	6 月 7 日							
17 week	6 月 8 日 〜	6 月 14 日							
18 week	6 月 15 日 〜	6 月 21 日							
19 week	6 月 22 日 〜	6 月 28 日							
20 week	6 月 29 日 〜	7 月 5 日							
21 week	7 月 6 日 〜	7 月 12 日							
22 week	7 月 13 日 〜	7 月 19 日							
23 week	7 月 20 日 〜	7 月 26 日							
24 week	7 月 27 日 〜	8 月 2 日							
25 week	8 月 3 日 〜	8 月 9 日							
26 week	8 月 10 日 〜	8 月 16 日							
テーマの回数			1　　回	2　　回	3　　回	4　　回	5　　回	6　　回	7　　回	8　　回
Good					Bad			Next		

7　ゲーム分析とトレーニング計画

4　トレーニングセッションの作成方法

　トレーニングセッションとは、1回のトレーニングのことです。岡田メソッドでは、トレーニングセッションの作成方法の基本的な考え方を整理しています。トレーニングセッションは、基本的には「Active→TR1→TR2→Game」という4つのパート（Part）で組み立てられています。Activeとは、トレーニングセッションの導入パートで、テーマに対して意識的かつ身体的な準備を行い、トレーニングセッション全体が、よりアクティブになることを目的としています。

　4つのパートのエクササイズを考えますが、時には、その1つを外して3つのパートで組み立てることもあります。

1　トレーニングの種類と、エクササイズの種類

　トレーニングセッションを作成するときは、まず、トレーニングの種類を考慮する必要があります。それによって、トレーニングセッションの組み立ての流れがよくなります。

　トレーニングの種類は、一般的にはアナリティック（Analytic）とグローバル（Global）の2つに大別されます。

① アナリティックトレーニング

　アナリティックトレーニングは、サッカーの全体像を分解し、部分的な要素を取り出してトレーニングすることです。たとえば、パスとコントロールのテクニックやサポートという1つあるいは数個の要素を取り出してトレーニングすることです。特定の要素を抜き出し、何度も反復してトレーニングすることで、その要素を特化して向上させるメリットがあります。しかし、部分的なトレーニングなので、サッカーの試合に直接結びつけることが難しい側面もあります。

　さらに、アナリティックトレーニングを行う際のエクササイズの種類を、「ドリル（Drill）エクササイズ」と「クラリティ（Clarity）エクササイズ」の2つに分類しています。

「ドリルエクササイズ」は、テクニックや動き方を習得させることを目的としています。エクササイズで一定の状況下を作り出すことによって、同じテクニックを何度も反復できます（図7-26）。

図7-26 ▶ ドリルエクササイズの例

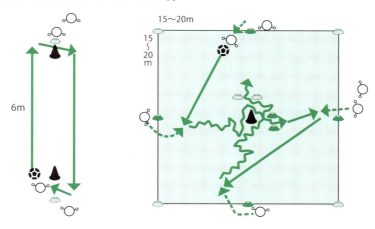

「クラリティエクササイズ」は、ある要素を抜き出して明確にし、その要素を習得させるのが目的です。具体的には、少人数で味方と相手に分かれたエクササイズです。相手を入れることで、ドリルエクササイズよりも判断の要素が必要になります。しかし、エクササイズはシンプルで、1～2つの要素にフォーカスできるようにしています。クラリティとは「明瞭にする」という意味です（図7-27）。

図7-27 ▶ クラリティエクササイズの例

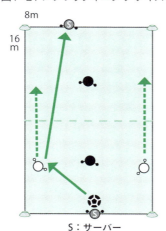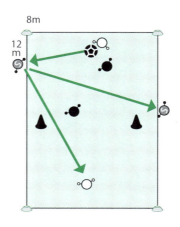

S：サーバー

② グローバルトレーニング

「グローバルトレーニング」は、サッカーの全体像を意識したトレーニングのことです。実際の試合と同じような状況をエクササイズで作り出して、トレーニングをします。そのため、トレーニングした内容を直接試合に反映できるメリットがあります。しかし、さまざまな要素が含まれるため、特定の要素を向上させるには不向きな側面もあります。

グローバルトレーニングのエクササイズには、「ポジショナル（Positional）エクササイズ」と「シチュエーション（Situation）エクササイズ」の2種類があります。

「ポジショナルエクササイズ」は、サッカーの試合の局面を切り取り、テーマに対して中心的なプレーの原則を学ぶことを目的としています。つねに全体でのポジショニングを意識してプレーをしなければならないように、エクササイズを工夫する必要があります。

攻撃方向、ライン、レーンなども意識できるように、エクササイズを作ります。選手の数は4～6人が適当で、サーバーやフリーマンを効果的に活用します（図7-28）。

図7-28 ▶ ポジショナルエクササイズの例

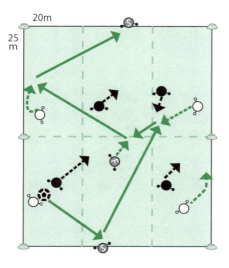
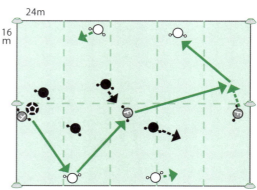

F：フリーマン

「シチュエーションエクササイズ」は、攻守の4段階の場面を設定し、プレーの原則を複合的に学ぶことを目的としています。実際の試合のファーストポジションに選手を配置し、相手側もコントロールすることで、試合を想定したエクササイズになります。

　また、さまざまなスモールサイドゲームをシチュエーションエクササイズに活用することもできます。選手の数は、3ラインが形成できるように、6～11人が適当です（図7-29）。

図7-29 ▶ シチュエーションエクササイズの例

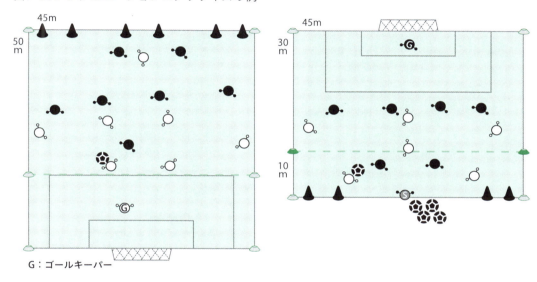

G：ゴールキーパー

2　トレーニングセッションの組み立て方

　トレーニングセッションは、基本的には3〜4つのパート（Part）で組み立てられます。選手がトレーニングテーマを理解し、達成するには、前述したエクササイズの種類を、どのように配置して展開すればよいかを考える必要があります。

　岡田メソッドでは、トレーニングセッションの組み立て方を3種類に分けています。選手のレベルや、トレーニングのテーマに応じて使い分けることで、効果的なトレーニングセッションを作ることができます。

① テーマ追求型

　「テーマ追求型」のトレーニングセッションの組み立て方は、1つのテーマに対して、全体像から逆算してプランニングします。

　実際のトレーニングでは、部分から積み上げていき、全体へつながるようにします。具体的には、エクササイズを「アナリティックトレーニング」から「グローバルトレーニング」へ展開し、積み上げることで、トレーニングにつながりができます（図7-30）。1つのテーマを構成している要素を分解し、それを積み上げていくことで、プレーの質と全体像の関係が明確になるというメリットがあります。

　ただし、エクササイズ同士のつながりが全体像から逆算されてい

図7-30 ▶ テーマ追求型の例

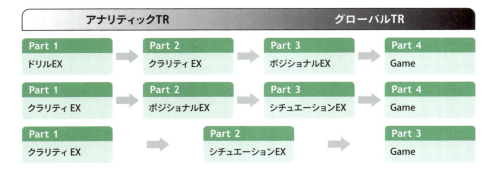

＊EX＝エクササイズ（以下同様）

ないと、実際のゲームにつながらず、トレーニングのためのトレーニングに終わってしまう恐れもあります。

② G-A-G型（Global-Analysis-Global）

「G-A-G型」のトレーニングセッションの組み立て方は、最初にテーマに対する全体像を意識させてから、それを構成する部分的な要素に働きかけ、再び全体像を意識させるようプランニングします。

具体的には、エクササイズを「グローバルトレーニング → アナリティックトレーニング → グローバルトレーニング」と展開します（図7-31）。それによって、全体像に対して、部分の要素がどのように関連しているかが明確になり、試合で生かせるようになります。

また、最初からゲームに近い形でトレーニングするので、テーマに対する意識やモチベーションを高く保つことができます。年齢の低い世代には、テーマ追求型では積み上げのイメージが湧かないので、G-A-G型のほうが有効なときもあります。

逆に、年齢の高い世代では、全体像から入ることで意図的に混乱させ、部分的なトレーニングで整理することで、理解力を高めることができます。G-A-G型のトレーニングセッションは、コーチが、テーマに対する全体像と部分的要素のつながりを整理できていれば、効果が出ます。

図7-31 ▶ G-A-G型の例

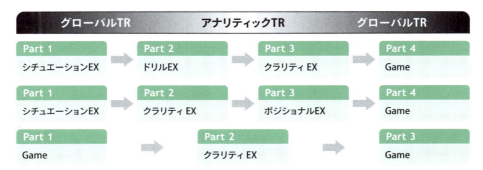

③ テーマ複合型

「テーマ複合型」のトレーニングセッションの組み立て方は、複数のトレーニングテーマを設定して、1つのセッションをプランニングします。複数のトレーニングテーマを横断的にトレーニングすることができ、テーマとテーマのつながりが理解できます。

また、限られたトレーニング回数のなかで、週末のゲームの準備をするときなどにも有効です。注意点は、テーマが複数ある分、それぞれのテーマにフォーカスできず、テーマに対する選手の理解や達成感が薄れてしまうことです。

14歳くらいまでは、1回のセッションには1つのテーマが基本だと考えています。しかし、複合型のトレーニングセッションを応用して、メインのトレーニングテーマとは別に、基礎的なテクニックやシュートトレーニングなどを組み込むと効果的です（図7-32）。

以上の3種類のトレーニングセッションは、組み立て方をもとにセッションの展開が決まれば、次のステップは、エクササイズを考え、トレーニングセッションの各パートに組み込むことです。

エクササイズの作成方法は後述しますが、岡田メソッドでは、エクササイズ集を作っていますので、コーチは、そこからエクササイズを選ぶことができます。あるいは、それらを参考にして、コーチ

図7-32 ▶ テーマ複合型の例

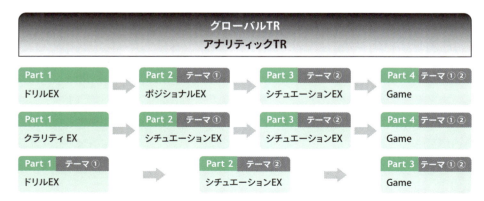

自身がアレンジすることもできます。岡田メソッドのトレーニングエクササイズ集は、テーマごとにエクササイズを分け、さらにそれらをエクササイズの種類ごとに分けています。

　ここで、テーマ追求型の構造で作成したトレーニングセッションを1つの例として紹介しましょう。
　まず、「Active→TR1→TR2→Game」（TR＝トレーニング）という4つのパートでトレーニングセッションを構成したとします。テーマ追求型なので、4つのパートをアナリティックトレーニングからグローバルトレーニングへと展開するようにエクササイズを考える必要があります。
　テーマを「ウェービング：シャンクを効果的に使い、攻撃のスイッチを入れる」とすると、次のようなエクササイズを選択していきます。

Activeのパート
シャンクに必要なテクニックを何度も反復させて向上させたいので、ドリルエクササイズを選択します。

TR1のパート
シャンクを狙うために必要なサポートや、パッサーとレシーバーのタイミングなど、プレーの質を高めることを狙いとしたクラリティエクササイズから選択します。

TR2のパート
チームとしてボールを動かしながらシャンクを狙うために、ポジションを意識しながら、味方とのリレーションを高めることを狙いとしたポジショナルエクササイズ、もしくはシチュエーションエクササイズを選択します。

Gameのパート
試合の状況を設定したエクササイズ、もしくはテーマを引き出せるスモールサイドゲームをシチュエーションエクササイズから選択します。

　以上の例を図解して、次頁に掲載します（図7-33）。

図7-33 ▶ トレーニングセッションの例

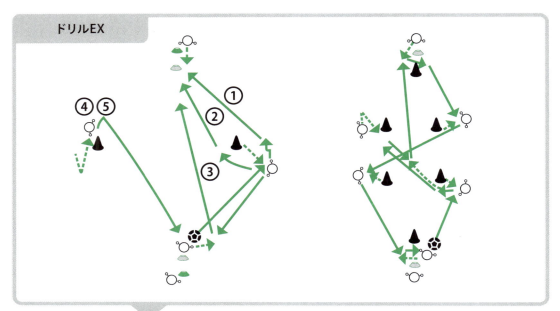

Active → TR1 →

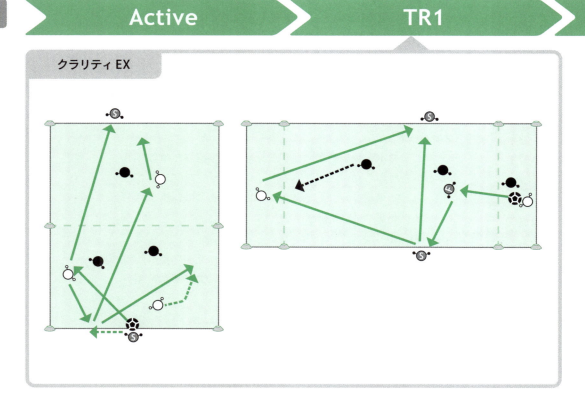

ポジショナルEX

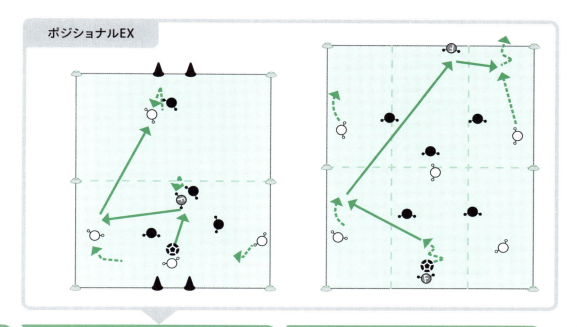

TR2　Game

シチュエーションEX

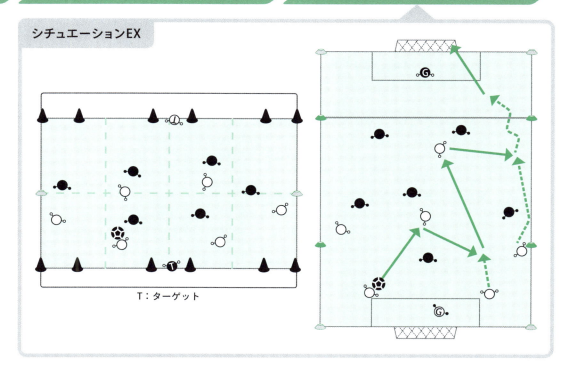

T：ターゲット

7 ゲーム分析とトレーニング計画

3　トレーニングセッションの時間配分

　トレーニングを進めていくうえで、時間をいかに配分するかは、非常に重要なことの1つです。管理する時間には、「セッション全体の時間」「各パートの時間」「エクササイズでの運動時間」があります。実際のトレーニング場面では、トレーニングの進度によって時間を調整しますが、プランニング段階での時間の管理が、トレーニングの効率化を図ります（図7-34）。

図7-34 ▶ トレーニングセッションの時間配分

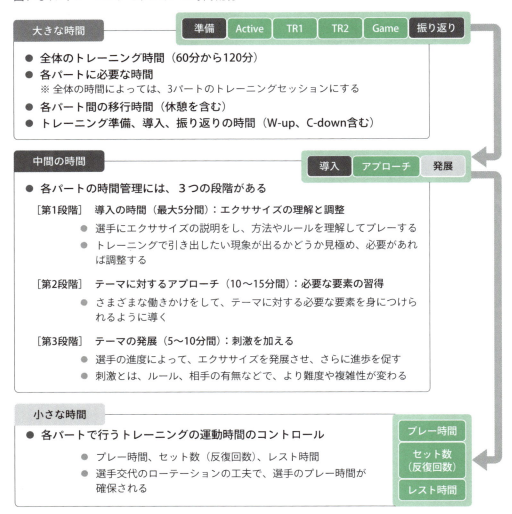

① セッション全体の時間

トレーニングセッションの全体の時間を把握し、セッションを3パートで構成するか、4パートで構成するかを決めます。次に、各パートに必要な時間を配分します。また、トレーニング準備や導入の時間、振り返りの時間も考えておく必要があります。そこには、ウォーミングアップやクールダウンの時間も含まれます。

② 各パートの時間配分

各パートの時間管理には、3つの段階があります。

第1段階は、導入の時間です。ここで、選手にエクササイズの目的と方法を理解させます。そして、トレーニングで引き出したい現象が出るかどうかを見極め、必要があれば、選手にとって最適なエクササイズになるよう調整します。この時間は、最大5分です。

第2段階は、選手にさまざまなアプローチをして、テーマに対する必要な要素を身につけさせるようにします。ここが、各パートのメインとなる時間です。少なくとも10〜15分、必要です。

第3段階は、トレーニングの進度によっては、選手に要求するレベルを上げたり、エクササイズを変更したりして、トレーニングを発展させる時間です。この時間は5〜10分程度です。

③ エクササイズでの運動時間

各パートで行うエクササイズの運動時間には、配慮する必要があります。1回のプレー時間、セット数（反復回数）、レスト時間です。適切な運動時間を設定することが、トレーニングのクオリティとインテンシティを高めることにつながります。

また、選手交代のローテーションを工夫することで、選手のプレー時間が確保されます。これは、選手の疲労やテーマの達成度、モチベーションなどによって随時、変更していかなければなりません。

たとえば、真夏のトレーニングでは、暑さで疲労してモチベーションが落ちていると感じたら、即座にトレーニングを切り上げることも必要です。最初の計画に、固執しないようにしましょう。

5　エクササイズ（メニュー）の作成

　当面のあいだは、エクササイズ集からピックアップすることはまったく問題ありませんが、コーチも「守破離」の段階を踏むことが大切ですから、徐々に自らのエクササイズを作っていくことが、コーチの成長にもつながります。

　エクササイズを作成するにあたっては、つねにゲームを想定して、ゲームで起こる場面やプレーを抜き出す必要があります。

　そして、どの種類のエクササイズを作成するのかを考え、テーマを追求できるように、テーマに即した状況が出てくるように工夫する必要があります。また、選手がエクササイズのなかで、目的を達成しようと一生懸命プレーすることで、テーマに対する理解が自然と深まり、必要な要素が身につくような仕掛けを作ることも大切です（図7-35～37）。

図7-35▶エクササイズの作成①

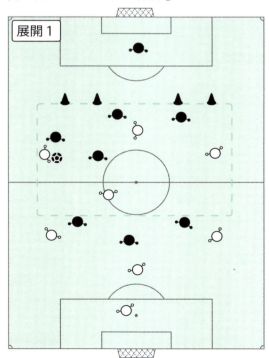

図7-36 ▶ エクササイズの作成②

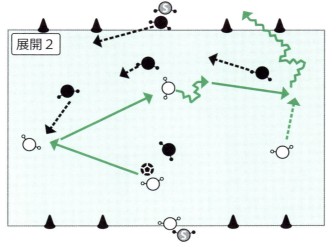

4 vs 4 ＋ サーバー　4ゴール
- コーンをドリブルで通過すれば得点
- 相手のサーバーは、ゴールを守れない→守れる

図7-37 ▶ エクササイズの作成③

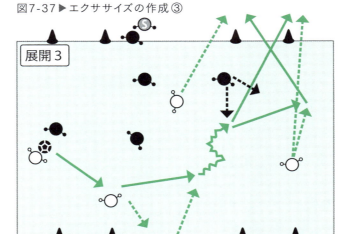

4 vs 4 ＋ サーバー　4ゴール
- コーンをスルーパスで通過すれば得点
- 相手のサーバーは、ゴールを守れる
- 味方のサーバーとの入れ替わりあり

1　エクササイズを作成する際にコントロールする要素（条件）

　テーマに即したエクササイズを作成するためには、次の要素をコントロールしながらエクササイズを作成します。

① プレーヤーおよびグルーピング

- 味方、相手の人数
- フリーマン、サーバー、ターゲット選手などの有無
- 1グループの人数とグループのセット数

② スペース（コートの広さ）

- 大きなスペース：コート全体の広さ
- 小さなスペース：コートを分割した際の広さ
  - ゾーンとレーン（複雑性を増減するために必要）
  - 限定スペース（決められた範囲しか動けない）
  - セーフティスペース（相手がプレッシャーをかけられない）

③ 得点（ゴール）の種類と方法

- ノーマルゴール、ミニゴール、コーンゴール、ラインゴール、パスの本数、求めたいプレーの回数
- シュート、パス通し、パス通過で受ける、ドリブル通過
- その他

④ ゲーム状況の設定

- 攻守の4段階の設定
- ファーストポジションの設定
- 相手チームのコントロール

⑤ ルールや条件

- ボールタッチの制限
- コートの分割、コートの移動制限、オフサイド設定の方法（有無）
- 通過の方法（パスイン、スルーパスイン、ドリブルイン）

- サーバーやフリーマンの使用制限、およびタッチ数
- リスタートの配球の方法

⑥ 攻撃方向

- 1way：一方向に向かって攻撃する形式
- 2way：双方向に向かって攻撃する形式
- Multi way：異なる方向に向かって攻撃する形式

⑦ プレーの継続性

- 攻守の切り替えの有無
- 攻撃方向の変換
- 交代の方法（時間制、ローテーション）

⑧ 安全性

- ゴール
- コートとコートの距離
- 休憩、飲水時間
- その他

2　エクササイズの展開

　エクササイズは、前述のコントロールする要素を変更すると、目的や狙い、難易度や強度が変わります。同じようなエクササイズに変化を加えることで、テーマを発展させたり、複合させたりできます。あるいは、まったく違うテーマのエクササイズにもなります。

　エクササイズの条件をうまく変えることで、選手が新しいエクササイズに慣れる時間を省略して、スムーズにプレーできたり、テーマのつながりを理解しやすくなったりするメリットがあります。

　また、エクササイズの変化に対応することで、対応力も高めることができます。そのためコーチは、エクササイズに変化を加えることで、何を引き出せるかを熟慮しなければなりません。

① テーマや狙いを変える

　ここで、「4対4＋1F（フリーマン）＋2S（サーバー）」のトレーニングを例にあげて説明しましょう。

　このトレーニングのテーマは「ポジショニング」で、狙いは、「2つのトライアングルを形成し、優先順位を意識しながらボールを前進させる」ことです。7人でパスをつなぎ、サーバーにつなげば、攻撃方向が逆になります（図7-38）。

　このエクササイズを変更してみましょう。プレーヤーの数を「5対5＋1T（ターゲット）＋1S」に変え、サーバーにつないだら、リターンパスを受けてラインゴールにルールを変更します。

　サーバーを、ドライブでコートの中に侵入可能にし、コートの広さも少し拡げます。このようなエクササイズの変化に伴い、テーマは「ウェービング」になります。

　この場合の狙いは、「ボールを保持しながら効果的にシャンクを使い、ゴールを目指す」ことです。つまり、「4対4＋1F＋2S」からテーマが発展し、複合したエクササイズになります（図7-39）。

図7-38 ▶ ポジショニング：4 vs 4＋1F＋2S

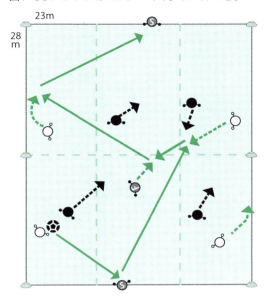

図7-39 ▶ ウェービング：5 vs 5＋1T＋1S

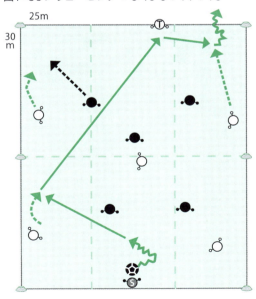

次に、テーマがまったく変わるエクササイズの例を説明しましょう。コートの中にコーンゴールを5つ置いたエクササイズです。ゴール方法を変更しただけで、テーマが変わります。

ドリブル通過で得点とすれば、テーマは「ドリブル」になり、パス通過で得点とすれば、テーマは「パス＆コントロール」になります（図7-40）。

さらに、プレーヤーの人数やコートの広さを調整することで、ドリブルを、「ドライブ」「プロテクト」「ビート」のテーマに特化させることもできます。

パス＆コントロールも、「コーンゴールにパスした」のを「リターンパスをもらえば2点」とすれば、「デカラ」「ブラッシング」「サポート」を引き出すことができます（図7-41）。

図7-40 ▶ ドライブ：6 vs 3

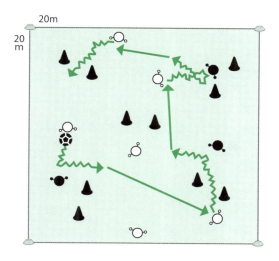

図7-41 ▶ デカラパス：4 vs 4＋2F

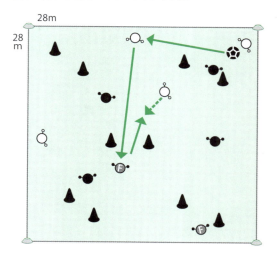

② 難易度の調整：STEPの法則

　作成したエクササイズが、目の前の選手のレベルに必ずしも適しているとは限りません。プレーの成功と失敗のバランスを観察しながら、難易度を調整していくことも必要です。

　その場合、「エクササイズ作成の際にコントロールする要素」にあげた項目からエクササイズを調整していきますが、「STEPの法則」を基にすると効果的です。難易度の調整は、プランニングの段階で想定しておくと、トレーニング中でも即座に対応できます。

1）Space（コートの広さ）
- テーマに応じてコートを拡げる、狭める
- コートを分割する、しない
- セーフティゾーンの設定の有無
- その他

2）Task（課題）
- 目の前の選手に応じて要求レベルを変える
- 課題の増減
- テーマに応じてルールや条件を加える、外す
- その他

3）Equipment（用具、設備）
- ボールの数を増減
- ゴールの設定を変更
- マーカーやコーンで目印をつける
- その他

4）Player（選手）
- 選手の数の増減
- フリーマンやサーバーの増減
- 相手チームのコントロール
- その他

具体的な例として、「6vs3のエクササイズ」で説明しましょう（図7-42）。このトレーニングは、ボールを保持しながら、逆のゾーンへパスをつなぐことを目的としています。その目的を達成するために、パスとコントロールを正確に、意図的にすることを狙いとしています。

　基本となるエクササイズは「6vs3」で、ボールのあるゾーンに守備者を1人だけ入れます（図②）。残り2人は、中央のゾーンに位置し、パスカットを狙います。このエクササイズでは、ボールがあるゾーンには守備者が1人なので、余裕を持ってプレーすることができます。ただし、中央のゾーンに2人の守備者がいるので、ゾーンを越えるパスを狙うときは難しくなります。

　次に、ボールがあるゾーンに2人の守備者が入れるようにすると、ボールがあるゾーンにプレッシャーがかかるようになり、難易度が増します（図③）。ただし、ゾーンを越えるパスやコントロールを使ってかわすことができれば、中央ゾーンには1人の守備者しかいないので、難易度は下がってきます。

　さらに、9人を3人一組で分けて「3＋3vs3」にし、ボールを失ったグループが守備をします。つまり、攻守の切り替えを入れると、エクササイズがよりゲームに近づき、難しくなります（図④）。

　また、テクニック的に難しいようであれば、6vs3を「6vs2」に変更すれば、テーマは同じでも難易度は下がります（図①）。

③ 変化への対応

　エクササイズの途中で、事前の説明なしに条件の変更を行えば、対応力や応用力をつけることができます。

　たとえば、ポゼッションのエクササイズの途中で、いきなり「タッチ数を変えたり」「人数を変えたり」「スクエアのコートの1辺は、コーチの立っているラインにして、コーチが動くことでコートの広さがつねに変わる」などです。

　いろいろな変化に対応することで、試合中に想定外のことが起こっても、パニックを防ぐことができます。

図7-42▶6 vs 3のエクササイズ

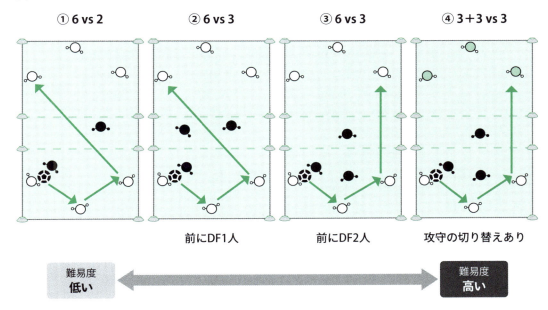

3　岡田メソッドのトレーニングエクササイズ例

　岡田メソッドのトレーニングエクササイズ集は、これまで説明したことに基づいて作成されています。そして、テーマに対するトレーニングの狙いやコーチングポイントを明記しています。それは、テーマに対して「どのような狙いでトレーニングするのか」「どのような要素を把握すればいいのか」を明確にし、選手にわかりやすく働きかけるためです。

　各項目の内容を、簡単に説明しておきましょう。

トレーニングの狙い

　トレーニングのテーマを達成するための具体的なプレーの目標として設定しています。トレーニングの狙いを意識すれば、フォーカスしたコーチングができます。

コーチングのポイント

　テーマを達成するために必要なプレーの原則や、プレーの質を解説しています。一度に全部を伝えるのではなく、選手のレベルに応じて積み上げていく必要があります。

　また、コーチングのポイントはテーマや狙いを達成するために、コーチ自身が、どのように働きかけていくかを考え、整理することです。

　では、U14のトレーニングテーマ「キャスティング：自陣からボールを保持して、確実にハーフウェイラインを越える」のエクササイズを参考までに紹介します（図7-43～51）。

　なお、エクササイズの種類は、以下のように略しています。

- ドリルエクササイズ＝Drill EX
- クラリティエクササイズ＝Clarity EX
- ポジショナルエクササイズ＝Positional EX
- シチュエーションエクササイズ＝Situation EX

図7-43 ▶ ドリルEXの例

Drill EX

スクエアパス＆コントロール

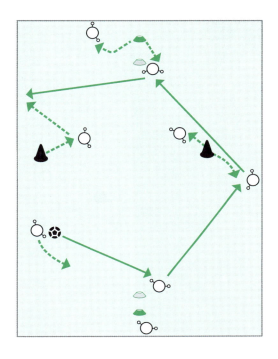

トレーニングの狙い

① ダイヤモンドシェイプをイメージした、パス＆コントロール
② チーム全体が、つねにボールに関わりつづけるパス＆コントロール

コーチングのポイント

- テクニックの構成要素から働きかける
- 意図的にコントロールし、意図的にパスする
- マークを外し、「ポーズ」のタイミングでパスを受ける
- 選択肢を持ったキックの仕方をする（インテリジェンス）
- スピードの緩急をつけながら、テンポよくパス交換をする
- パス＆サポートを徹底しながら、ユニットを組んで関わる
- 徐々に発展させて、さまざまなシチュエーションを想定する

方法、ルール

① 5人一組でパス＆コントロール
- 3Aのサポートからのコントロール（外側、内側）
- 3Aのサポートから、デカラしてシャンク
- シャンクに対して、サポートして壁パス
- サイドの選手に出さずにシャンク。それに対してサポート

② 8人一組で、全員が関わりながらのパス＆コントロール
- ボール状況に応じてサポートし、パスコースになっていく
（※この場合、マーカーは目印のみ）

図7-44 ▶ クラリティEXの例

Clarity EX
3 vs 3＋2F → 3 vs 3＋1F

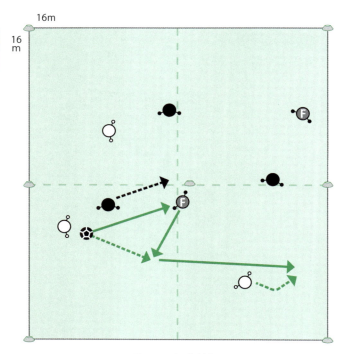

グリッドを4分割する

トレーニングの狙い

① 空いているスペースに、ボールを運ぶ

コーチングのポイント

- 第1〜第2エリアを意識しながらポジションをとり、サポートする
- ルールを利用して数的優位を作りながら、ボールを保持する
- 相手をうまく引きつけることができたら、空いているスペースに展開する

方法、ルール

- 各ゾーンには、攻守とも1人しか入ってはいけない。フリーマンは自由
  1) 守備が守っていないゾーンに、ボールをパスしたら得点
  2) 1)をワンタッチで入れたら得点
  3) 1)でリターンパスを受けたら得点
- 展開：3vs3＋1F

用具

ボール、マーカー、ビブス

図7-45 ▶ クラリティEXの例

Clarity EX

3 vs 2＋T　ラインゴール

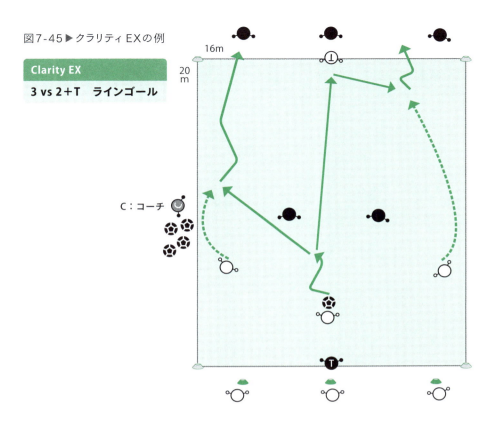

トレーニングの狙い

① 数的優位で、確実に相手の守備ラインを越える

コーチングのポイント

- 意図的にドライブを使いながら、相手の変化を引き出す
- ドライブや縦パスを狙うことによって、相手が変化したのを観て、プレーを選択できるようにする
  （パスとドリブルの選択、サポートの意図の選択）
- 相手が寄せてきたらプロテクトして、空いているスペースに展開することを意識させる
- 正確にプレーすることを徹底させる

方法、ルール

- コーチの配球からスタート
- ラインゴール。ターゲットを使っても使わなくてもよい
- ゴールをしたら、攻撃側の2人が残り、守備者になる（真ん中まで戻る）
- 新しい3人が出てきて、攻撃する

用具

ボール、マーカー、ビブス

図7-46 ▶ ポジショナルEXの例

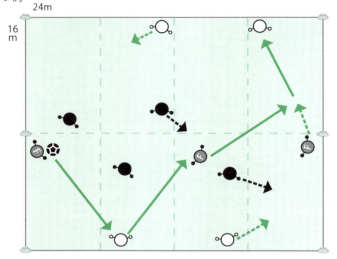

Positional EX
4vs4＋3F→5vs5＋2F

トレーニングの狙い

① ボールを保持しながら、空いているレーンから前進する

コーチングのポイント

- 適切なポジションをとり、サポートをすることでボールを保持し、素早く動かしながら、レーンを変えていくことを意識させる
- 横パスだけにならずに、つねにインナーゾーンや縦パスを狙うことで、相手の守備を変化させ、空いているレーンを作り出していく
- デカラ、ブラッシングを効果的に使う
- 守備は2-2のポジションをとり、縦パスを防ぐポジションをとりながらも、スライドしてボール保持者にプレッシャーをかけていく

方法、ルール

- 図の配置をファーストポジションとして、プレーする
- 前方へつないだら、攻撃方向が変わる
- 難易度の調整：「5vs5＋2F」にする
  （コートの広さを調整する：20m×30m）
- 応用：前方につないで、リターンパスを受けてからラインゴール
- サーバーはボールを持ち出してOK

用具

ボール、マーカー、ビブス

図7-47 ▶ シチュエーションEXの例

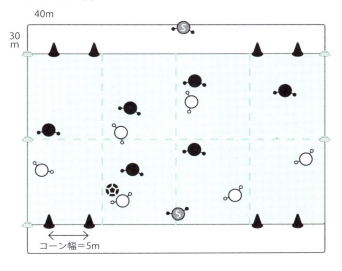

トレーニングの狙い

① 自陣からボールを保持して、確実にハーフウェイラインを越える

コーチングのポイント

- ポジショニングの原則に基づいて適切なポジションをとり、スペースを作り、選手間の距離を維持する
- エリアを意識してポジションをとることで、第1エリアから第3エリアにボールを動かしていくことをイメージする
- 状況に応じてサポートすることでボールを保持し、素早く動かしながら、レーンを変えていくことを意識させる
- 横パスだけにならずに、つねにインナーゾーンや縦パスを狙うことで、相手の守備を変化させ、空いているレーンを作り出していく
- デカラ、ブラッシング、ドライブ、プロテクトを効果的に使う
- 守備は、積極的にボールを奪いにいく

方法、ルール

- ファーストポジション：
「2-3-1（4-1-1）」or「3-2-1」
- 得点は、コーンへのパス → ドリブル通過
- サーバーはドライブOK → NG

用具

ボール、コーン、マーカー、ビブス

図7-48 ▶ シチュエーションEXの例

トレーニングの狙い

① 自陣からボールを保持して、確実にハーフウェイラインを越えることをイメージしてボールを運ぶ

コーチングのポイント

- ポジショニングの原則に基づいて適切なポジションをとり、スペースを作り、選手間の距離を維持する
- エリアを意識してポジションをとることで、第1エリアから第3エリアにボールを動かしていくことをイメージする
- 状況に応じてサポートすることでボールを保持し、素早く動かしながら、レーンを変えていくことを意識させる
- 横パスだけにならずに、つねにインナーゾーンや縦パスを狙うことで、相手の守備を変化させ、空いているレーンを作り出していく
- デカラ、ブラッシング、ドライブ、プロテクトを効果的に使う
- 守備は、積極的にボールを奪いにいく

方法、ルール

- ファーストポジションは「4-2-1」、守備は「2-4-1」気味に前からプレッシャーをかける（ゴールに張りつかない）
- コーンへのパスが通れば得点。サイドは、ドリブル通過レベルに応じて、ラインゴールなど調整する
- 配球を工夫し、さまざまなシチュエーションを作る

TRの発展（攻守両面で総合的に働きかける）

- 黒チームは、攻撃：ウェービング＆ガス、守備：ハイゾーンでの守備
- 白チームは、攻撃：キャスティング＆ウェービング、守備：ドック
- ファーストポジションのオプション：「3-3-1／3-2-2」

用具

ボール、コーン、マーカー、ビブス

図7-49 ▶ シチュエーションEXの例

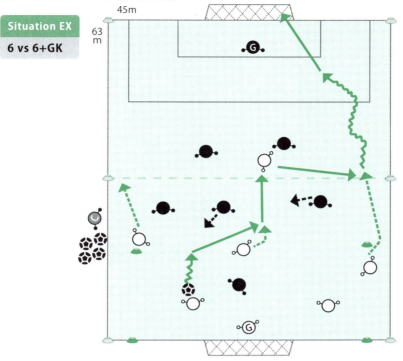

トレーニングの狙い

① 自陣からボールを保持して、確実にハーフウェイラインを越える

コーチングのポイント

- サッカーの仕組みや目的（共通原則）に基づいてプレーする
- ポジショニングの原則に基づいて適切なポジションをとり、スペースを作り、選手間の距離を維持する
- エリアを意識してポジションをとることで、第1エリアから第3エリアにボールを動かしていくことをイメージする
- 状況に応じてサポートをすることでボールを保持し、素早く動かしながら、レーンを変えていくことを意識させる
- 横パスだけにならずに、つねにインナーゾーンや縦パスを狙うことで、相手の守備を変化させ、空いているレーンを作り出していく
- デカラ、ブラッシング、ドライブ、プロテクトを効果的に使う
- 守備は、積極的にボールを奪いにいく

方法、ルール

- ファーストポジションは「2-3-1」
- 守備は、積極的に前からプレッシャーをかける
- ファーストポジションのオプション：「3-2-1／3-1-2」

用具

ボール、マーカー、ビブス

図7-50 ▶ シチュエーションEXの例

Situation EX
7 vs 7＋GK

トレーニングの狙い

① 自陣からボールを保持して、確実にハーフウェイラインを越える

コーチングのポイント

- サッカーの仕組みや目的（共通原則）に基づいてプレーする
- ポジショニングの原則に基づいて適切なポジションをとり、スペースを作り、選手間の距離を維持する
- エリアを意識してポジションをとることで、第1エリアから第3エリアにボールを動かしていくことをイメージする
- 状況に応じてサポートをすることでボールを保持し、素早く動かしながら、レーンを変えていくことを意識させる
- 横パスだけにならずに、つねにインナーゾーンや縦パスを狙うことで、相手の守備を変化させ、空いているレーンを作り出していく
- デカラ、ブラッシング、ドライブ、プロテクトを効果的に使う
- 守備は、積極的にボールを奪いにいく

方法、ルール

- ファーストポジションは「2-4-1」
- 守備は、積極的に前からプレッシャーをかける
- ファーストポジションのオプション：「3-3-1／3-2-2」

用具

ボール、マーカー、ビブス

図7-51 ▶ シチュエーションEXの例

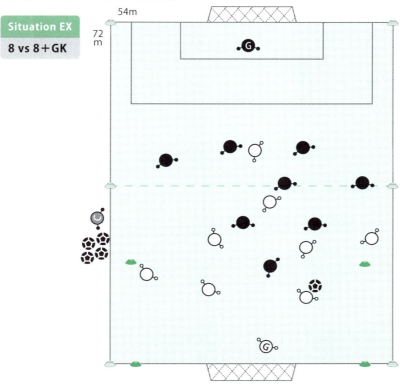

トレーニングの狙い

① 自陣からボールを保持して、確実にハーフウェイラインを越える

コーチングのポイント

- サッカーの仕組みや目的（共通原則）に基づいてプレーする
- ポジショニングの原則に基づいて適切なポジションをとり、スペースを作り、選手間の距離を維持する
- エリアを意識してポジションをとることで、第1エリアから第3エリアにボールを動かしていくことをイメージする
- 状況に応じてサポートすることでボールを保持し、素早く動かしながら、レーンを変えていくことを意識させる
- 横パスだけにならずに、つねにインナーゾーンや縦パスを狙うことで、相手の守備を変化させ、空いているレーンを作り出していく
- デカラ、ブラッシング、ドライブ、プロテクトを効果的に使う
- 守備は、積極的にボールを奪いにいく

方法、ルール

- ファーストポジションは「4-3-1（4-1-2-1）」
- ファーストポジションのオプション：「3-2-3／3-3-2」

用具

ボール、マーカー、ビブス

chapter **8**

岡田メソッドとは	1
プレーモデルの意義と全体像	2
共通原則	3
一般原則	4
個人とグループの原則	5
専門原則	6
ゲーム分析とトレーニング計画	7
コーチング	8
チームマネジメント	9

第8章
コーチング

　ここまで、「ゲーム分析」「トレーニング計画」の説明をしてきました。コーチは、細部にこだわって準備をしなければいけません。しかし、選手の前に立ってトレーニングするときは、準備してきたことをただ伝えるのではなく、「情熱」を持って伝えることが重要です。

　そして、「活気」のあるトレーニングこそが、どんなトレーニングよりも選手を成長させてくれます。たとえば、選手たちのこんな姿です。

「生き生きと積極的にトライし、自分で判断してプレーしている」
「トレーニングには、明るい雰囲気が満ちているが、ピンと張り
　詰めた厳しさや激しさがある」
「自分のレベルに応じて、〈できた！〉を感じている」

　こうした光景のあるトレーニングをするためにも、「コーチング」が重要になってきます。

　コーチの役割は、選手を「モチベート」することだと私は思っています。選手たちの心に火をつけてあげることです。同時に、「Coach」の語源である「大切な人を、その人が望むところまで送り届ける」ということから考えると、「目的地まで、選手に寄り添いながら連れていく」ことがコーチの役割でもあります。

　コーチが「サッカー理論を理解し」「結果を出し」「厳しく指導する」ことはどれも大切ですが、最も大切なことは「信頼」されることです。つまり人間力をあげることです。

　1990年のイタリアW杯のとき、イタリアの名将アリゴ・サッキの講習を受けました。そのとき彼は「いいコーチになりたかったら本を読みなさい。音楽を聞きなさい。絵を見なさい」と言ったので

す。そのときは「感受性をあげなさいということか」と理解しましたが、経験を積むにつれ、彼が言いたかったのは「人間として成長しなさい」ということではなかったかと私は考えるようになりました。

　単に選手だけでなく、親や地域の人たち、そしてコーチ仲間から「信頼」されることが重要です。そのためには、相手の存在を認め、相手の意見に耳を傾け、相手の立場になって考えることが必要です。正しいことや正論をどれだけ言っても、自分の立場しか考えていないと、受け入れられません。これは特に若い人には簡単なことではありませんが、つねに心がけることによって人間力が高まり、いいコーチに近づいていけると思っています。

　岡田メソッドでは、自立した選手を育て、自律した組織、つまり生物的組織を作るために、どのように働きかけ、導いていくべきかをコーチングの考え方として整理しています。

　生物学者の福岡伸一さんに言われたことがあります。

　「岡田さんの今日の体と明日の体は、新陳代謝によって、違う細胞でできているんですよ。でも、古い細胞が死んで、新しい細胞ができてきたときに、脳は何も命令していないのに、同じ形になるんです。細胞と細胞が折り合いをなして、同じ形になるのです」

　監督が脳、選手が細胞となり、試合中にうまくいかなくても監督はいちいち指図せず、選手同士が折り合いをなして問題解決をする。そのような組織が最強の組織ではないかと思い、生物的組織と呼ぶようになりました。

1 原則から導く

　岡田メソッドでのコーチングの基本は、「原則から導く」です。コーチがプレーモデルを理解し、それを選手に判断基準や材料として教え、判断を促していくことを大切にしています。

　状況ごとに「こうしたほうがいい」「ああしたほうがいい」と教えていたのでは切りがありません。選手も「コーチはあのとき、こう言ったのになあ……」と、疑問符がつきまといます。

　しかし、選手に「自分で自由に考えて！」と言うだけでは、よい判断をすることは難しいと思います。

　守破離の考え方に沿って教えるべきことは、しっかりと教える必要があります。それが「プレーの原則（プレーモデル）」です。そして、プレーの原則を「プレーの基準」「判断材料」として、選手が自ら分析、判断してプレーができるように導くことが大切です（図8-1）。

図8-1 ▶ 原則から導く

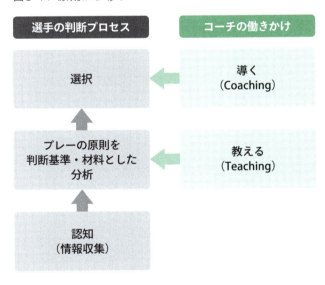

2 コーチのプロミス

　岡田メソッドでは、コーチとしての基本的な考え方や行動価値をプロミスとしてまとめています。コーチに悩みはつきものです。その悩みが、コーチを大きく成長させるのです。悩んだときに立ち返ってほしいのがプロミスでもあります。

① 選手、子どもたちをリスペクトします。

　我々は人生の先輩として、サッカーの経験者として、いろいろなことを教え伝えます。しかし、その伝え方においては、選手がたとえ子どもであってもリスペクトして、押し付けるような伝え方はしません。

　選手の個性を尊重し、焦らずに待って、選手の持っているものを引き出してあげる、気づかせてあげるスタンスを忘れません。

② できなかったことができるようになったときの「できた！」という喜びを感じてもらいます。

　「できた！」という喜びは、どんなに些細なものでも、サッカーを楽しむことにつながり、好きで好きでたまらないというサッカー小僧を生み出します。

　1人でも多くのサッカー小僧を生み出すため、我々自身もサッカーを楽しみ、「できた！」を伝えます。

③ 準備の失敗は、失敗を準備することになる。

　指導のよし悪しは、実際の指導の前にどのような準備をするかで半分以上、決まります。

　試合の勝ち負けも、試合に向けた準備で半分以上、決まります。

　そういう意味で、日ごろの準備をおろそかにしません。

④ 勝負の神様は、細部に宿る。

　「まあこれくらい」「俺1人ぐらい」「1回ぐらい」という些細な甘さや隙が勝負を分けます。

完璧はありえないでしょうが、小さなことをきっちりとできるチームを目指します。

⑤ ウィニングマインドを持たせます。

　「自分たちのサッカーをやればいい」と「ともかく勝てばいい」のどちらか1つを追うのは簡単です。ルールを守り、我々の美学やポリシー、コンセプトを守りながらも、チームが勝つことへの執着心を植えつけます（幼少期は別ですが）。

　全力を尽くして負けてもいいんです。勝つために全力を尽くせば、負けると悔しいはずです。それが、再び頑張れる力となります。

⑥ 言葉の力を信じて、言葉を大切にします。

　言霊（ことだま）と言われるように、言葉には力があります。言いつづけていることは、現実となります。つねに、上っ面ではなく本気の言葉、前向きでポジティブな言葉を発します。

⑦ 規律を守り、自然な挨拶ができるチームにします。

　自由闊達な雰囲気の中にも、チームとしての規律を守り、相手の目を見て自然な挨拶ができる選手を育てます。サッカー仲間のときは、自ら握手をできるようにします。

⑧ 会社の理念やクラブのフィロソフィーを信じ、クラブを誇りに思う選手を育てます。

　我々自身が会社の理念、ミッションステートメント、クラブの行動指針やフィロソフィーを信じて、それを体現できる選手を育てます。

　育成年代の選手たちの大半はプロのサッカー選手にはならずに、他の道を歩むことになります。

　我々は、サッカーだけを教えるのではなく、野外体験やいろいろな経験を通して、人間形成のサポートをしていきます。

　選手たちがこのクラブに在籍していることを誇りに感じ、将来的にもクラブをサポートする人間になっていくように方向づけます。

3 リーダーとは

　リーダーシップの方法は時代とともに変わるし、状況（大ピンチのときなど）や組織の成熟度によっても変わってきます。強烈に引っ張っていくリーダーシップが必要なときもあれば、ファシリテーターのように、自ら動き出すように仕向けるときもあるでしょう。
　何が正しいかというのはないし、その人のキャラクターによっても異なるでしょう。つまり、どんな人でも、自分なりのリーダーシップを発揮できるということです。

　ここでは、私の経験をもとに、リーダーシップの話をしましょう。
　育成の指導では必要ないような内容もありますが、将来トップチームの指導をされる人もいると思うので、あえて書きました。

　リーダーの仕事は「決断」をすることです。それも、答えのわからないことを「決断」しなくてはなりません。たとえば、AとBのどちらの選手を使うか？
　「Aを使えば勝率60％で、Bなら75％だ」などとわかるわけではありません。また、コーチを集めて多数決で決めるわけにもいきません。たった1人で、全責任を負って決めなければなりません。
　これが、W杯出場がかかっている状況だったりすると、決断するのは心底、恐ろしいものです。どれほど考えても答えが出ないので、最後は直感で決めることになります。もちろん、直感は何もないところからは出てきません。さまざまな情報の中で、何かが化学反応を起こして直感が出てくる気がしています。
　でも、「マスコミに叩かれる」とか「選手がふてくされるかも」などと考えながら出てきた直感は、絶対に当たりません。坐禅でいう「無心」のような状態で決断することが大切です。とはいえ、簡単には「無心」のような状態になれませんが、どん底の経験をするとなりやすくなります。
　1997年、翌年に開催されるフランスW杯の予選の最中に、カザフスタンで、私は日本代表のコーチからいきなり監督になりました。当時41歳の私には、監督の経験がありませんでした。

ものすごいプレッシャーで、私は絶対に耐えられないと思っていました。有名になるとは思っていなかったので、連絡先を電話帳に載せており、脅迫状や脅迫電話がたくさん来ました。自宅の前にはパトカーが止まっていて、子どもは毎日、妻が学校の送り迎えをしていました。そして、ジョホールバールでのイランとの最後の決戦の前に、妻に電話して、こう言いました。
「明日、勝てなかったら日本には帰れない。ほとぼりが冷めるまで、海外で暮らす」
　ところが、その電話の数時間後、
「明日、自分は今持っている力を出す以上のことはできない。それをやってダメなら国民に謝ろう。でも俺のせいじゃない。俺を選んだ会長の責任だ」
と完全に開き直って、怖いものがなくなりました。
　そこから私の人生が変わりはじめました。
　経営者でも、倒産、投獄、闘病、戦争を知っている人は、腹の据わった決断をすると言われています。そういう意味では、どれだけ苦しい状況にあっても投げ出さず、あきらめないことが大切です。
「朝の来ない夜はない」
　当時苦しんでいた私に、ある人がくれたメッセージでした。

　そんな経験をしてくると、「覚悟」もできてきます。
　私も、人から「いい人だ」と言われたいし、好かれもしたい。でも、私は23人しかW杯に連れていけません。11人しかピッチに送り出せません。これは、嫌われることを恐れていてはできないことです。
　私は自分の弱さを知っているので、選手の仲人を絶対にやりません。お酒も一緒に飲みません。
　選手も、意見を言ってきます。もちろん正しかったら取り入れますが、違うと思ったら、こう突き放します。
「俺は監督として全責任を負って、このやり方でいく。お前は能力があると思うからメンバーに選んでいる。お前が納得してくれたら嬉しいが、どうしてもダメだというならしようがない。ものすごく残念だけど、あきらめるから出て行ってくれ。怒りも何もしない。自分で決めてくれ」

コミュニケーションはとりますが、最後のところでは、このスタンスは絶対に外しません。それが、どんな中心選手であったとしてもです。このように腹をくくっていると、口に出して言わなくても、選手は感じてくれるものです。
　私は、扱いづらい選手の扱いが得意だと言われています。それは扱い方ではなく、腹をくくっているかどうかなのです。

　リーダーは、よく言われるように、夢やビジョンを語らなければなりません。でも、それだけでは人はついてきません。自らリスクを冒してチャレンジしたときに、人がついてきます。

　私は今治にやって来て、「ホラ」に近い壮大な夢を語っていました。それとともに、自らの財産と時間をつぎ込んでチャレンジしていました。
　そうしたら、人とお金が集まってきて、今治では絶対に無理だと言われていたサッカー専用スタジアムが完成したのです。さらに、16万の人口の町では絶対に不可能と言われていた5000人満杯の集客を実現しました。
　私の尊敬する師でもある田坂広志さんは、「志高い山に登る後ろ姿を見せろ」とおっしゃいます。
　人は聖人君子についていくのではありません。頭のいい人でも、格好のいい人でもありません。私利私欲のない、志高い山に必死で登る姿を見て「この人についていこう」と決めるのです。
　2010年の南アフリカW杯のとき、私は自分の選手、スタッフ、その家族、そして自分の家族を笑顔にしたいという思いだけでやっていました。残念ながら、日本中のサポーターを笑顔にするという高い山には登れませんでした。もし高みを目指していたら、もう少し勝ち進んでいたかもしれません。でも、あのときの私の器は、あそこまででした。

4 コーチングのコツ

　最後に、私自身の経験から得たコーチングのコツを紹介します。コーチとしての心構えや選手との向き合い方、試合の入り方やハーフタイム、選手交代の考えなど、多岐にわたります。

指導者は主語にならない

　選手は「私は、うまくなりたい」と自分を主語にして考えて問題ないでしょう。しかしコーチは「自分が成長したい」「有名になりたい」より、「いいチームを作りたい」「いい選手を育てたい」と考えなければなりません。選手を中心に考えるのが、コーチの仕事です。

試合で1回も使わなくても、その選手の存在を認める

　第9章「チームマネジメント」でも説明しますが、コーチは、選手の存在を認めてあげなければなりません。これは、おべんちゃらを言ったり、媚びを売ることではありません。
　私はどこのチームでも、シーズンの初めに選手に伝えます。
　「私のことが大嫌いでも、コノヤローと思っていても、私に向かってくるやつは絶対に見捨てない。1試合も使わないかもしれないが、1年後にうまくしてやる自信はある。でも、ふてくされて向かってこないやつの相手は、絶対にしない」

選手に好かれる必要はないが、尊敬されなければならない

　前述しましたが、指導者は、選手に無理に好かれようとしてはいけません。わざと嫌われる必要もありませんが、嫌われることを恐れてはいけません。しかし、嫌われたとしても尊敬されないといけません。もちろん、それぞれの選手の心情、プライドなどを考慮してやらなければなりませんが、目的によって対応を考えなければなりません。その選手を成長させるためなのか、チームが勝つためなのか？

異なる意見を受け入れる

指導者は、しっかりとした自分の考えを持たなければなりません。しかし、頑固や頑なになってはダメです。自分と異なる考えや意見を聞く耳を持たなければなりません。

私が監督をするときには必ず、考えの異なるコーチを呼びます。私がこうだと言ったときに、コーチが全員「おっしゃる通り」となるのが怖いからです。

hard work or nothing

プロの指導者は、「ものすごく働くか、仕事がなくなるかだ」という意味です。

私がドイツに留学していたとき、そのクラブの監督が解任されました。最後の食事を2人でしていたとき、彼が"This is football. Coach have to work hard or nothing"と話してくれました。どんなに頑張っていても、プロの指導者は仕事を失うこともある。そんな覚悟をしてハードワークするのが指導者というものです。

指導者は、立ち止まったら終わり。つねに学ぶ気持ちを持つ

サッカーがわかったと思った瞬間、指導者としての峠を越え、下りはじめます。そうならないためにも、つねに新たな頂を目指して、謙虚に学びながら登りつづけなくてはなりません。そうしないと、成功しません。

成功＝能力×情熱×考え方

京セラの稲盛和夫さんがよく仰っていました。どれだけ能力と情熱があっても、考え方がマイナスなら、掛け算なので答えがマイナスになる。つまり、つねにポジティブで、プラス思考でいろということです。

指導者は、つねにレンガを積まないといけない

　結果を残して賞賛される指導者、失敗と言われる指導者がいます。しかし、一番大切なことは、そのチーム、そのクラブ、その国のサッカーの進歩のためにレンガを積むことです。レンガは、まっすぐ上に積むと、いつかは倒れます。横に積むことも必要です。横に積んだ人はなかなか評価されませんが、立派な指導者です。レンガを積まない指導者は軽蔑されます。その違いは、勇敢にチャレンジするかどうかの違いです。

チーム作りと采配

　指導者の役割には、チーム作りと采配があります。
　日本の指導者は、チーム作りに美学を感じ、重要視する傾向にあります。采配で勝つのは邪道だと。でも優勝するときなどは、采配で負けゲームを引き分けに、引き分けを勝ちに持っていくことが必要です。そうやって結果を出していくことで、チームも成長していきます。

分析の結果は、攻撃に

　最近はテクノロジーのおかげで、対戦相手の分析が劇的に進化しています。その分析を使って、相手の攻撃をどう抑えるか、相手の守備をどう崩すかと、攻守両方の対策を立てます。
　ただ、それほど力の差がない相手の場合、守備の対策を増やしすぎると選手が臆病になり、力を出し切れないことがあります。分析の伝え方を工夫して、リスクを恐れないようにする注意が必要です。

分析することで、全体が見えなくなることもある

　試合を分析して要素を取り出し、その修正をしても、試合全体としては何も変わらないことがあります。サッカーという競技は不確定要素の多い、複雑系のスポーツです。複雑系では、たとえば生命体のそれぞれの要素を分析して、その要素を集めたからといって、

生命体は生まれないことがわかっています。同じように、個の要素に目を奪われて、全体を見ることを忘れてはいけません。

試合に出て行く前に

　試合前には多くの指示はできません。戦術的なことは、すでにミーティングで終わらせています。試合前には、ミスを恐れず、ピッチの上で目を輝かせ、躍動するようなプレーをさせることを心がけた発言をします。

　また、選手には、みんなそれぞれいいところがあります。そのいいところからゲームに入るように伝えます。ディフェンスで相手を潰すのが得意な選手が「今日は、いいパスを出そう」などと考えて試合に入ると、その選手の特徴であるディフェンスまでダメになります。「今日はマークを抑えるぞ」とゲームに入ると、素晴らしいパスを出したりします。

　そして最後に、「今日、急にメッシにはなれない。今、自分の持っている力を出す以外できない。今持っている力を100％、ピッチの上で出してほしい」と送り出すことが多いです。

試合中

　私は興奮しやすいタチなので、試合に入るとき、自分に言い聞かせます。「冷静に試合を見るぞ」と。うまく行っていないときは、ゲーム分析にもあるように、論理的に分析していくのですが、なかなか冷静になれないことも多々あります。

　そんなときは、まず自分にこう問いかけるようにしていました。

　「今、うまく行っていないのは、1人の選手の問題といった〈小さな問題〉なのか？　それとも、戦術のミスマッチといった〈大きな問題〉なのか？」

　それくらいは、かなり正確に判断できるもので、そこから落ち着いて分析できるようになりました。

戦術変更は、前半の残り10分ぐらいで

　試合がどうもうまくいかず、3バックから4バックへといった、大きな戦術変更をすればよくなる気がするが、確信が持てない。そういうときは、前半の残り10分ぐらいに、テスト的に戦術変更を指示して様子を観察します。

　そして、その変更がうまく機能していたら、ハーフタイムのときに、より詳しい指示をします。機能していないなら、ハーフタイムのときに、再度、戦術変更をします。試合中に2度変更すると混乱するので、ハーフタイムをうまく利用するのです。

ハーフタイム

　ハーフタイムでは、選手の状況をよく観察します。前半うまくいっていなくても、ロッカールームで選手がうるさいぐらいに議論しているときは、勇気づけるような、励ましの言葉をかけます。ひっそりと静まり返っているときは、ショックを与えるような、厳しい言葉をかけます。

　横浜F・マリノスの監督時代、全盛期のジュビロ磐田との決戦の試合で前半、圧倒されていました。明らかに選手たちは怖がっていました。ロッカールームは静まり返って、みんな下を向いていました。私は、こう言いました。

　「俺は、座して死を待つなら、戦って死にたい。戦いに立ち上がれないやつは、いま言ってくれ。交代させてやるから」

　ロッカールームを出て行く選手たちは、明らかに前半と異なっていました。後半に逆転して、勝利しました。

選手交代

　選手交代は、単に戦術的理由だけで行うものではありません。監督のメッセージを伝えることも大切です。ある試合で序盤、圧倒的に押し込んでいたのに、前半の終わりにカウンターから失点してしまいました。コーチに、後半はどうするか聞くと、こう答えました。

　「前半は悪くなかったので、このまま行くのがいいと思います」

私は、このところずっと試合は支配しているのに、カウンターで失点して負けている選手たちの顔を観察しました。
　「また、いつもといっしょだ」私にはそう見えたので、コーチにこう伝えました。
　「思い切って、2人代えたらどうだろう。それも、前半にはDFで使っているが、攻撃力のある選手を前に入れるのがいいと思う」
　今日はどんなことがあっても勝つんだという強いメッセージを選手に伝えるべきだと思ったのです。後半は見事に逆転して、勝ちました。

Good Bad Next

　トレーニングの振り返りのところでも書きましたが、試合や練習の終わりに選手だけで集まって、5〜10分でも「Good Bad Next」をやらせると、選手たちの主体性が出てきます。
　ぜひ試してみてください。

岡田メソッドとは	1
プレーモデルの意義と全体像	2
共通原則	3
一般原則	4
個人とグループの原則	5
専門原則	6
ゲーム分析とトレーニング計画	7
コーチング	8

chapter **9** チームマネジメント

第 9 章
チームマネジメント

　ここまで述べてきたことは、サッカーにおけるプレーの側面に焦点を当てたものでした。しかし、サッカーはチームスポーツであり、その前提となるチームの質を高めなければなりません。つまり、マネジメントが必要です。いい集団を作らなければ、いくらプレーモデルを確立してトレーニングをしたところで、個人の成長もチームの成長もありません。

　素晴らしい企業の経営者と話していると、事業のみならず、組織のミッション、ビジョン、バリューを非常に重視されているのがわかります。事業の収益性や効率性も重要ですが、それを支えるのは組織であり人です。サッカーでも、チームの土台をきちんと築くことが大切であり、それがチームマネジメントです。チームマネジメントには、選手マネジメントとスタッフマネジメントがあります。

　本書の最後では、主に選手マネジメントについて紹介します。育成年代では必要ないものもありますが、私がチームを持ったときに取り組んできたのは、次の3つです。

1）モラルづくり
2）フィロソフィーの浸透
3）目標設定

1　モラルづくり

　モラルとは、ルールで決められているわけではありませんが、チームメンバーが自然と行うものです。そのチームの文化のようなものです。これは家の基礎のようなもので、チームの土台となります。これがしっかりしていないと、どれだけ立派なメソッドでビルを建てても、倒れてしまいます。

　私の会社が事務所を引っ越したとき、若い社員が「オフィスルールを作りました」と言ってきました。「朝一番に来た人は、どこどこの窓を開けて、空気を入れ替え……」

　それを聞いて私は「そんなことまでルールで決めないと、何もできない会社なのか」と思い、「そんなことは、自然とみんながやるような会社にならなくてはいけない」と言いました。つまり、ルールではなくモラルだと。

　練習場のロッカールームを見れば、勝てるチームか、そうでないチームかがわかります。整理整頓がなされておらず、ゴミが散らかっているようなロッカールームから出て行って、いいトレーニングができるでしょうか？　私はヨーロッパのビッグクラブのロッカールームを数多く見てきましたが、古くても、隅々まで清潔で、整理整頓が行き届き、美しくさえあります。

　私は、あるJリーグのクラブの監督になったとき、汚いロッカールームを見てショックを受けました。そこで、毎朝一番に行って、全選手のシャツをたたみ、スリッパを揃え、掃除をしました。

　2週間ほど続け、最初は驚いていた選手たちが慣れてきたころに、「毎朝きて整理するのも大変なんだ」とトレーナーに言いながらマッサージをしてもらいました。すると、監督が整理整頓をしているということが選手の間に一気に伝わります。その後、自然ときれいになるわけではありませんでしたが、汚くなることはありませんでした。これもモラルだと思っています。

1 プロフェッショナリズム

　図9-1をご覧ください。1人の選手の技術や体力の総合能力がⒶのラインですが、トレーニングをしたあと、レベルは必ずダウンします。たとえば、100メートルを16秒で走り、44秒で戻ってくるというインターバルトレーニングを10本やると、そのあとすぐに走れる選手はいません。そこで休養と栄養をとると、以前のⒶのラインより少しレベルが上がってⒷになります。これを超回復と言います。

図9-1 ▶ 超回復

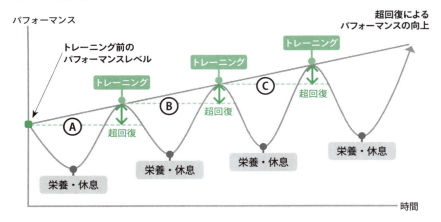

　また次のトレーニングになり、再び休養と栄養をとると超回復して、Ⓒに上がります。これを繰り返していくのがトレーニング効果です。練習だけしていても、進歩はありません。

　トレーニングの強度が強すぎても逆効果になります。以前のレベルに回復する前に次の練習が来ると、超回復するどころかレベルが落ちてしまいます。これがオーバートレーニングです。

　しかし、トレーニングの強度が弱いと超回復のレベルも低くなる。だからコーチは、最高の超回復を狙ってトレーニングを計画するのです。

　ところが、夜遊びに行って寝不足だったり、お酒を飲んで体が休まっていなかったりすると、以前のレベルまで回復する前に次のト

レーニングが来てしまいます。これが続くと、最終的にはオーバートレーニングになってしまいます。

トレーニングだけしていればいいのはアマチュアです。プロとは、トレーニングをして、休養と栄養をとって、超回復するまで自己管理するもので、だからこそ、たくさんのお金をもらっているのです。同世代の若者と同じように遊んだりしたいのなら「プロは諦めろ。絶対に成功しない」と言います。

陸上競技などはタイムに出るのでわかりやすいですが、サッカーは「なんだか輝きがなくなってきたな」といった程度で、オーバートレーニングを認識しづらい競技です。

Jリーグができたころ、才能ある若者が、結構なお金をもらい、周りにちやほやされ、勘違いして潰れていきました。そんななか、鹿島アントラーズでは、ジーコが自己管理とトレーニングに臨む姿の模範を示したことで、潰れていく選手はいませんでした。鹿島では、今でも、プロとしての心構えが、伝統として受け継がれています。育成年代からそのことを認識させ、正しい生活習慣をつけさせるべきだと思います。

2 「勝負の神様は、細部に宿る」

試合の翌日の新聞などは、戦術論やシステム論で溢れています。

戦術論やシステム論は大切ですが、私の感覚では、勝負を分ける8割は小さなことで、たった1回の「まあ大丈夫だろう、俺1人くらい、これくらいで」が勝負を分けていると思っています。

私が監督を務めた2010年の南アフリカW杯まで、日本代表はアウェイのワールドカップで1勝もしたことがありませんでした。そこで、それまでのワールドカップでのピンチとチャンスをビデオに編集して選手に見せ、次のように聞きました。

「この中に、戦術の問題やシステムの問題だと思うものはあるか？」

戦術の問題もシステムの問題も、1つもなかったのです。

2006年のドイツW杯でオーストラリアに逆転されたときも、ケーヒルのシュートに対して、「まあ、ここからなら大丈夫だろう」と足を出しただけです。あの場面でボールにスライディングをしていたら、歴史が変わっていたかもしれません。

私のもとでコーチや選手をやっていた人が、たくさん指導者になっています。指導の仕方にはそれぞれ個性がありますが、この「勝負の神様は、細部に宿る」という言葉だけは、ほぼ全員が使っているようです。

なぜなら、はっきりとした効果があるからでしょう。

新しいチームに呼ばれてシーズンインしたころ、フィジカルコーチがピッチの四隅にコーンを置き、「コーンの周りを1周、1分20秒で走れ」と言って、トレーニングをしていました。ところが、見ていると3分の2ぐらいの選手がコーンの少し内側を走っています。だいたい中心選手が内側を走っているので、真面目にコーンの外側を走っている選手が、ちょっと小馬鹿にされている感じです。

私が行って1カ月もすると、誰1人内側を走らなくなります。たまに練習生などが来て内側を走ると、小馬鹿にされます。

さて、どちらのチームが勝つでしょうか？

しかし、コーンのところにコーチを立てて外を回らせたのでは、意味がありません。それはルールであり、コーチがいなくなれば、また内側を走るようになります。

モラルなら、みんなが自然にコーンの外を走るように持っていかなければならない。これがコーチの腕です。

余談になりますが、アメリカの犯罪心理学者が唱えている「割れた窓理論」というものがあります。簡単にいうと、窓の割れているビルのほうが、窓が割れていないビルより泥棒に入られる確率が高いというメカニズムです。昔、全米一危険な街と言われていたニューヨークで、ジュリアーニ市長（当時）がこの心理学者を呼んでアドバイスをもらいました。

心理学者は、こんなことを言ったそうです。「地下鉄の落書きを消しなさい」。ニューヨークの地下鉄は24時間走っていて、落書きだらけで汚く、犯罪の温床と言われていたのです。

　ジュリアーニ市長は、このアドバイスを実践します。ところが、落書きを消しても消しても、またすぐに書かれて、一向にきれいにならない。議会からは税金の無駄づかいと批判されましたが、ジュリアーニはやり通します。すると、あるときを境に落書きがなくなりはじめ、同時に地下鉄の犯罪率が激減しました。犯罪とも言えない落書きという小さないたずらをなくすことが、犯罪を減らすことにつながったのです。

　これも、各車両に警官を乗せて落書きをさせないのでは、警官がいなくなったら、またすぐ描かれてしまいます。「自然と落書きがなくなる」ところがミソであり、これがモラルというものなのです。

　コーンの外側を走るようになった選手が、よく聞いてきます。
　「コーンの外側も内側も大して変わらないと思いますが、外側を走ったほうが体力がつくのですか？」
　大して距離は変わらないので、外を走ったほうが体力がつくなんて、ありえません。そんなときは、運の話をしてあげます。
　運というのは、誰にでも、どこにでも、平等に流れている、それを掴むか、掴み損ねるかの違いだけだと。
　自ら運を掴み損ねておいて「運がない」と嘆いている人のいかに多いことか。勝負の世界では、すべての運を掴んでも、勝てるかどうかはわかりません。それを、運を掴み損ねておいて勝とうなんて、甘すぎます。私は運を掴み損ねたくない。
　たった1回、1人の選手がコーンの内側を走ったせいで、運を掴み損ねてワールドカップに行けないかもしれない。ラインまでダッシュと言ったのに、たった1回、ラインの1メートル手前で力を抜いたおかげで優勝できないかもしれない。だからこそ、小さなことを、きちんとやることが大切だと思っています。

2　フィロソフィー

フィロソフィーとは、「このクラブは、どういうクラブなのか」という哲学であり、クラブの根幹です。

「フィロソフィー」は、自立した選手、自律したチームを作るための出発点です。選手やスタッフが「フィロソフィー」を意識して行動することで、1つの方向を向いて自ら考え、自律した組織になっていきます。何かうまくいかなくなり、迷ったときに立ち返る拠り所でもあります。

岡田メソッドでは、私の監督としての経験をもとに、6つのフィロソフィーを掲げています。このフィロソフィーをただ掲げるだけでなく、チームの中に文化として根づいたときが、本当の意味での「自立した選手による自律したチーム」が生まれるのだと考えています。そして、それが最強の「生物的組織」だと考えています。

1　Enjoy！
サッカーを始めたときの楽しさを、忘れないで！

日本代表だろうとプロの選手だろうと、サッカーを始めたときの楽しさ、初めてゴールを決めたときの喜びを絶対に忘れてはいけません。「ミスを恐れて、おどおどプレーする」「相手を恐れて、腰が引ける」といった姿は見たくありません。目を輝かせ、ピッチの上で生き生きと躍動するような姿が見たいと思います。

今日も嫌だなと思って練習に出てきて、うまくなるわけがありません。

私が監督をしていたころ、浮かない顔でピッチに出てきた選手には、強制有給休暇を与え、練習に参加させずに帰らせることがありました。

中国のクラブの監督をやったとき、彼らにとってサッカーの練習は義務でした。すべて命令されたことをこなすなかで、サッカーの練習も言われたことだけしかやりません。

「サッカーを始めたときは、楽しかっただろう。最初にゴールし

たときのこと覚えているか？」

　私は彼らに問いかけつづけました。1年以上かかりましたが、彼らが変わりはじめました。

　究極のEnjoyは、自分の責任でリスクを冒すことです。
　たとえば、2対2の状況での守備を例にとってみましょう。図9-2をご覧ください。
　コーチは、Ⓐに、ボールにプレッシャーをかけなさいと言い、Ⓑには、Ⓐが抜かれたときのために、自分のマークのⒸがいるXには行かず、Ⓐのカバーリングができる Y にポジションをとりなさいと指示します。
　しかし、もしⒷが、「ボール保持者のレベルは高くなさそうだ。それに、Ⓐはかなり守備の強い選手だから、抜かれることはないだろう。それなら、Ⓒへパスが来るはずだから、それをカットしよう」と予測を立て、Xへ動いて相手のパスをカットできたときは、「やった！」と最高の喜びがあります。
　一方で、ボール保持者が意外とうまくて、Ⓐをドリブルで抜いてしまうと、コーチから「なぜⒷは、カバーリングのポジションYに行かなかったのか」と叱責される可能性があります。そのリスクを冒して、自分の判断にかけて当たったから嬉しいのです。
　「コーチが、Yにいなさいと言ったから、Yにいました」などと言ったら、選手とは言えません。まさにロボットで、プレーしていないのと同じです。

図9-2 ▶ 原則とリスク

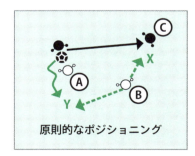
原則的なポジショニング

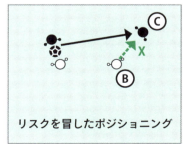
リスクを冒したポジショニング

2 Our Team!
チームは監督のものではなく、選手1人ひとりのもの！

「森保ジャパン」などと、よく監督の名前を頭につけて、チームの名前を呼ぶことがあります。しかし、チームというのは、プレーするのは選手であり、誰のものでもなく、選手1人ひとりのものです。だから試合でうまくいかないとき、「監督が、キャプテンが考えてくれる」ではなく、自分のチームなのだから、1人ひとりが自分ごととして考えることが重要です。

私がまだ監督をやりはじめて日が浅く、選手のタスク管理にうるさかったころ、ある試合で、残り時間が10分、0-1で負けている状況がありました。ベンチ前のサイドバックの選手は、ベンチの私をちらちら見ていたのです。

彼の振る舞いは、「チームは負けていますが、自分は監督に言われたタスクを完璧にこなしています」というアピールでした。それはショックでした。これは私の責任であり、指導者としての未熟さだと気づいたのです。

その試合に負けたあとで選手を集め、自分の未熟さを詫びるとともに、こんな話をしました。

「物が売れなくて倒産しそうな会社があったとする。自分は経理だからと、どれだけ正確な計算をしても、会社が倒産してしまっては意味がない。全員で、外に売りに行くべき時ではないのか？　0-1で残り10分とは、そういう時なんじゃないのか？」

またあるとき、「全員で声を出して体操」とコーチが言っても、半数くらいの選手は声を出していません。私は声を出していない選手のところへ行き、「今、コーチは〈全員で〉と言わなかったか？」と聞くと、「自分が出さなくても誰かが……」と言うのです。

そういうときは、「村の祭り酒」という話をします。

ある村で、秋の収穫を願う夏祭りを始めるときに、いつも樽一杯のお酒を用意して、鏡割りで乾杯をしてから祭りを始めていました。この村は決して豊かではなく、ある年、お金がなくて、樽一杯のお酒を買うことができませんでした。みんなで寄合に集まって、どう

するかを話し合い、「みんなの家から、コップ一杯のお酒を持ってこよう」と決まりました。当日、全員が持ってきたお酒で樽が満たされ、無事に夏祭りを迎えることができました。みんな大喜びで乾杯したら、中身は水でした。

自分1人ぐらい、水を入れてもわからないだろう。1人がそう思ったときには、ほぼ全員が同じことを考えているものです。

3 Do Your Best!
チームが勝つために、全力を尽くそう！

日本人は、勝つことへの執着心が弱いと言われています。和を尊び、争いを好まないとも言われていて、それ自体は素晴らしいことです。しかし、勝ち負けのあるスポーツにおいては、勝つために全力を尽くさなければならない。それは子どもでも同じです。その結果、負けても、まったく問題ありません。

勝つために全力を尽くすからこそ、負けても得るものはありますが、最初から負けてもいいと思っていたら、勝っても負けても得るものはありません。

「自分たちのサッカーを」とよく言われます。私も、この「自分たちのサッカー」の元となるポリシーや哲学は大切だと思っています。ただし、それを勝負の言い訳にしてはいけません。

哲学やポリシーは、勝つことと相反することではなく、当然、両方を追わなければならないのです。

コーチには、チーム作りと、相手を研究したうえでの試合での采配という2つの仕事があります。日本人のコーチは、どちらかというとチーム作りに重点を置き、采配で勝つのは邪道だくらいに思っている人が多いように感じます。もちろん、チーム作りの大切さは微塵も否定しませんが、采配で勝つことによって、チームはもっとよくなっていくものです。両方を追う必要があるのです。

あるチームの監督をやっているとき、ユースのメンバーで、海外のプロチームと公式戦を戦わなければいけなくなったことがありました。私は、前日練習を見ていました。普段は見ていないユース選手は、リラックスしてミニゲームをしていました。ところが、片方

のチームが一方的に得点を重ねていました。そこで私は、負けているチームに聞きました。

「ちょっと待って、一方的にやられて、悔しくないの？」

すると、こんな答えが返ってきました。

「明日は試合で、今日はコンディショニングですから、勝ち負けは関係ありません」

私は激怒して、言いました。

「そんな気持ちで臨んだら、どれだけコンディションがよくても、何十点も入れられてしまう。コンディションなんてどうでもいいから、戦え！」

それから、1時間以上のハードトレーニングを課しました。

翌日は、そのチームにとって伝説の試合となりました。蝿がたかるようにボールにチャレンジし、抜かれても倒されても、何度も起き上がり、チャレンジを続けてくれました。ベンチの私は感動しました。そして、神様が勝利というプレゼントをくださったのです。

4 Concentration！
今できることに集中しよう！

動物は今を精一杯生きます。人間は脳が発達した結果、済んだことを悔やんだり、先を心配したりして、何もしようとしません。私は、そんなバカなことはないと思っています。

今できることをやるしか、やりようがない。負けたあと、どれだけ悔やんでも、終わったことは何も変えられません。「負けたらどうしよう」「ミスをしたらどうしよう」なんてことは、負けてから、ミスしてから、考えればいいのです。

日本代表の選手がテレビカメラの前で、「ワールドカップで優勝します！」と叫ぶことがありますが、それ自体はまったく問題ありません。でも叫んで優勝できるなら、毎日グラウンドに並んで、叫ぶ練習をすればいいのです。

足元にある、今できることをおろそかにして「優勝だ」というのを見ると、笑わせるなと言いたくなります。

サッカー選手が今できることは、日頃のコンディションを管理し、

集中した素晴らしい練習をし、試合でベストを尽くすことしかないのです。

5 Improve！
現状に満足せず、つねに進歩する気持ちを持ちつづけよう！

今に集中しても、進歩というのは右肩上がりの一直線とはいきません。どんな選手も、波を打ちながら成長していくものです。

ところが、波の底に来たときに、ほとんどの選手が「前にはできたことが、できなくなった」と同じことを言います。
ドリブルが得意なある選手が、私のところに相談にきました。
「前はドリブルで相手を抜けていたのに、抜けなくなりました」
そのとき私はこう言いました。
「いつも言っているように、誰しも波を打って成長する。なんのために波の底にいるのか？　より高いところに行くために、落ちているんだ。ジャンプするときに一度しゃがむように。それなのに、なぜ、昔の自分のドリブルなどという低いレベルを見ているのか？ そういうときこそ、過去の自分ではなく、自分の目標とする選手だったり、理想のプレーを思い浮かべろ！」

6 Communication！
コミュニケーションをとり、お互いを理解しよう！

コーチと選手のコミュニケーションは、面談のように部屋に呼んで1対1でじっくり話すこともあれば、全体やグループ単位でのミーティングもあります。でも一番大切なことは、選手1人ひとりの存在を認めてあげることです。

ウォームアップでストレッチをしているときなどに、「この前の練習試合でのあのパスは素晴らしかったね」と声をかける。ロッカールームで、「そろそろ子どもは幼稚園か？」などと話しかける。
つまり、1年で1試合も使わないかもしれないが、私はあなたを

ちゃんと見ていますよ、必要としていますよ、そして、あなたの成長を考えていますよ、と伝えることです。

では、選手同士のコミュニケーションとは、そしてチームワークとは、なんでしょうか？

私は、男性20数人のチームをたくさん作ってきました。ただ、これまで全員が仲良しというチームは残念ながら1つもありませんでした。相性の悪い人同士は、必ずいるものです。でもいいのです。

「あいつとはどうもそりが合わないけど、あいつにパスをしたら絶対に点を取ってくれる」

「あいつはどうもウマが合わないけど、あいつに任せたら、絶対に守ってくれる」というように、お互いを認めあうこと、そして、認めてもらう努力をすることが一番大切です。

もちろん、それで仲良しなら、もっといいわけです。人には必ずいいところがあります。それを認めてくれと待っていてもダメで、自ら胸襟を開いて認めてもらう努力をしなければなりません。

その原点は、自然な挨拶です。体育会系の儀式的な挨拶ではなく、心からの自然な挨拶です。

ドイツに住んでいるとき、住宅街で、知らない人でもすれ違いざまに「Morgen（おはよう）」などと挨拶をしてくれました。そのあと、ニコッと笑顔などあると、ホッと幸せな気持ちになります。私はあなたを受け入れる準備ができていますよ、と言われているような気持ちになるのです。

＊

このような6つのキーワードを、ミーティングのたびに、手を替え品を替え話し、刷り込んでいきます。どういうサッカーをするかの前に、我々とは何者なのか、どういうチームなのかを考えるのです。これがあるチームとないチームとでは、大きな違いがでてきます。

実際、FC今治では、チームの調子が悪くなったときに、選手たちが、このフィロソフィーを話し合います。つねにチームが立ち返る大切な場所だと言えるでしょう。

3　目標設定

　目標は高すぎず低すぎず、ギリギリ手が届くか届かないかぐらいがいいとよく言われています。その通りですが、私は少々高すぎてもいいと思っています。大切なのは、目標を立てることではなく、それを経過目標に落とし込んでいくことです。

　たとえば、「リーグ戦優勝」という目標を掲げたら、それをどうやって達成するのか？　歴代の優勝チームの勝ち点を見れば、だいたい優勝ラインというものが見えてきます。その勝ち点を取るためには、どうすればいいか？

　対戦相手をAランク、Bランク、Cランクに分けて、トータルの勝ち点が優勝ラインに達するように、それぞれのランクのチームに対する勝率を決めます。たとえば、次のような具合です。

　　Aランクのチームには勝率55％
　　Bランクのチームには勝率65％
　　Cランクのチームには勝率80％
　　トータルの勝ち点が55で優勝する

　そうすると、その月の対戦相手によって、
「今月は、最低でも勝ち点をいくつ取らなければいけないか」
「今週の相手には、引き分け以上でないといけない」
　といった経過目標に落とし込めます。そのために、今週はどういう練習をすればいいか、今日は何をすればいいか、ということまで落とし込んでいくことができます。

　2010年の南アフリカW杯のとき、私は「ベスト4」という目標を掲げました。周りからは笑われました。しかし、あのときには、志の高い目標が必須でした。

　ワールドカップの2年前に、「今のチームで、ワールドカップで勝てるか？」と自問したのです。
「勝てないだろう。では、どうすれば勝てるのか？」
　そこで、次の3つのサブ目標を立てました。

① ボール際で勝つ

どんな戦術を使おうが、1対1で全部負けたら絶対に勝てない。ボール際の競り合いに勝てるように体幹トレーニングをする。

② 1人1キロ多く走る

サッカーのフィールドプレーヤーは、1試合で平均10キロ強を走る。1人1キロ多く走ったら、合計で10キロとなり、フィールドプレーヤーが1人多いことになる。そのために、ローパワートレーニングを続ける。

③ 中距離パスの精度を上げる

ロングパスの精度を上げるのは簡単ではないが、25メートルぐらいの中距離パスの精度なら高められる可能性は高い。そして我々のやろうとしているサッカーでは、この中距離パスの精度が大切だ。

　これらの目標を達成するためのトレーニングは、代表チームではできません。各選手が、自分のチームで日々、取り組んでもらわなければなりませんでした。

　選手にとっては、2年先の、自分が選ばれるかどうかわからない代表チームのために、自分のチームの監督からの要求にプラスしてトレーニングしなくてはならない。それをしてもらわなければならなかったのです。

　2002年の日韓W杯では、お隣の国の韓国がベスト4に入りました。我々もベスト4に入る可能性は十分にあるはずです。

　選手には「本気でベスト4を目指さないか？」と伝えました。本気とは、「生やさしいものではない」「犠牲も払わないといけない」ものです。でも「本気で目指す奴と南アフリカへ行く」と宣言しました。

　代表チームとして集合し、ミーティングで毎回話しかけ、手紙を書いたりもしました。あるときは、用紙の一番上の欄に「ワールド

カップベスト4」と書いて配りました。そして、次のような質問を載せたのです。

- ベスト4に入るには、日本代表がどういうチームになっていないといけないか
- そのチームの中で、自分はどういう役割ができるか
- その役割を完璧にこなすためには、ワールドカップのときに、どういう自分になっていなければならないか
- 1年前には、そして今は、何をしなくてはならないか

代表選手たちには、そこまで落とし込んでほしいと伝え、さらに、その用紙をいつも手元に置き、内容をつねに更新してほしいと伝えました。

目標とは、うまく使うと恐ろしいほどの力があります。

「本気でベスト4を目指す」と言ってから、チームが徐々に変わりはじめました。

また、FC今治でも、2019年度の会社の方針の1つとして、トップチームの「Jリーグ昇格」を掲げました。その後、現場の監督が「優勝して昇格」と言いはじめたのです。

ところが、3位ぐらいにいるとき、社内のメーリングリストに「いい位置につけています」というコメントが出ていました。しかし、優勝するにはトップから5ポイントも離れている。最初は気にしていなかったのですが、こんなふうに意識が統一できていないのは問題だと気づきました。クラブが一丸となって、本気で同じ目標を目指さないと、絶対に昇格もできません。

そこで、全社員とスタッフにメールをして、今日からクラブの今年の目標は「優勝」であることを徹底しました。

「優勝するために」から、すべてを発想するようにと……。

共通の目標を、全員が一丸となって本気で目指したとき、その組織は想像を超える力を発揮します。しかし、「まあこんなもんでいいだろう」というような人間が1人でもいると、目標の力はゼロになってしまいます。つまり、100か0かの、どちらかでしかありません。それをしっかりと頭に叩き込んでおくことが大切です。

おわりに

私の人生設計を壊した出会い

2014年7月26日。
この日は、FC今治にとって裏の記念日です。
そして、平穏な老後を過ごそうと思っていた私の人生設計を破壊した日でもあります。
この本の冒頭で書いたジョアン・ビラと出会った日でした。
その日、日本サッカー協会のスタッフから連絡がきました。

「バルセロナのメソッド部長の人が来日していますが、会ってみませんか？　先方も希望しているようです」

2010年の南アフリカW杯のあと、生意気にもサッカーが分かった気になっていた時期がありました。世界のビッグクラブの試合を見ていても、世界的な監督が何をしようとしているかを理解できた気になっていました。

しかし、同年のクラシコ（スペインのレアル・マドリード対FCバルセロナの試合）を見たとき、衝撃が走りました。グアルディオラ監督の率いるバルセロナが5－0で、完膚なきまでにレアル・マドリードを打ち負かしたのです。とはいえ、単に試合結果に驚いたわけではありません。

グアルディオラが、どういう思考回路であのサッカーをやっていたのか、私にはどうしても理解できなかったのです。それが悔しくて、実際に自分で試してみたくなり、いてもたってもいられなくなりました。テレビの解説では、思わず「あと10歳若かったら、今

すぐ日本に帰って、どこかの現場に戻るだろう」とまで言ってしまいました。
　結局は、そのときの思いが、のちに私を中国のクラブの監督へと駆り立てたのです……。

　「その因縁のバルセロナか。まあ会ってみようか」

　その程度の気持ちで、ジョアン・ビラに会うことになり、サッカー協会の近くにあるホテルに赴くことになりました。当時、U15の日本代表監督をしていた吉武博文さんが、「私も同行していいですか？」と言ってきたので、快く、というか、1人で行って、つまらない戦術論を聞かされたら辛いなと思っていたので、大歓迎で快諾しました。

　当日。ジョアンの熱のこもったプレゼンは、とても興味深いものでした。とはいえ、マニアックなくらい細かく分類された戦術論を、どうやって現実のサッカーのプレーに落とし込むのだろうと、疑問を持ちながら聞いていました。
　最後に彼が、「このようなプレーモデルという〈型〉を16歳までに落とし込んで、あとは自由にさせるんだ」と言ったのです。その瞬間、それまで頭の中でバラバラに存在していた「？」マークが、シナプスがつながるように一気にまとまり、鮮明なプランが浮かんできました。

　それが「はじめに」に書いた、「主体的に自分で判断してプレーできる、自立した選手の集まりで、日本が世界で強豪国になる」です。そして、せっかく作るなら、日本人が世界で勝つための「型」、つまり「プレーモデル」という原則集を作って、それを16歳までに落とし込み、あとは自由にするクラブを作りたいと思いました。
　いろいろなところでそういう話をしていたら、Jリーグの3つのクラブから「全権を任せるので、育成からシステムを作ってほしい」と言ってもらいました。しかし、メソッドを作るのにどれく

いかかるかもわからず、結果が出るのは10年後かもしれない。それまで待ってもらえるのだろうか。また、これまでとは異なる発想から作ることになるので、既存のコーチからの反発も予想され、躊躇していました。

今治モデル

そんなとき、ふと頭に浮かんだのが今治でした。

今治では、私が早稲田大学サッカー部に入部しないで、同好会で学生生活を謳歌していたときの先輩が会社を経営されていました。1998年のフランスW杯のあと、会社の上場を手伝うということで、私は教育担当の顧問になっていました。年に1〜2回行くだけでしたが、そのご縁はずっと続いていました。この先輩は、もちろんサッカーが好きで、四国リーグのアマチュア・チームを持っておられ、私もたまにそこの指導をしたりもしていました。

先輩に電話をして、やりたいことを熱く語りました。すると先輩が、「それは面白い。ぜひやれ！　ただし、株式を51％取得してからだ」と言われました。

株式のことなど当時はよく知らなくて、「わかりました。株を買うので、ぜひやらせてください」と返事をして始まったのです。とはいえ株式を買うと言っても、アマチュアのチームで、赤字経営で、先輩が個人のお金をつぎ込んで続けていたチームなので、ただ同然でした。

そして、あとで気づきましたが、私が自分の思うようにクラブを運営していくためには、株式を51％持っていないと難しくなる時が来るという、先輩の深い考えがあったのでした。

それまでは年に1〜2回、今治に行くとホテルに泊まり、ほぼ1泊で帰っていました。今治に家を借りて住みはじめ、町をよく見てみると、今治の中心であるドンドビ交差点には、更地が広がっていました。「何があったんだっけ？」と記憶を辿ると、「大丸デパート

だ!」。近くにあった今治デパートも、なくなっていました。

　そして、ドンドビ交差点から港まで続く長い商店街は、昼間ほとんど人が歩いておらず、大半の店のシャッターも閉まっていました。しまなみ海道という素晴らしい橋ができたことで、島に行くフェリーが出なくなったせいだと、あとで分かりました。

　このままでは、FC今治がどれだけ成功しても、試合に来てくれるお客さんがいなくなるし、立っている場所自体がなくなってしまうという恐ろしい現実に、背筋が寒くなりました。

　最初は「大変なところに来てしまった」とショックを受けました。でも、今さら後戻りはできません。それなら、町も一緒に元気になれることを考えようと、まずはサッカーでの「今治モデル」というものを考えました。

　今治のサッカー少年団、中学校、高校のサッカー部と一緒に1つのピラミッドを作りましょう、その中で、FC今治の指導者が、岡田メソッドを無償で指導し、全体で強くなりましょう、という提案です。今治のすべての少年団の指導者、中学校、高校の指導者にお会いして、日本一質の高いピラミッドを一緒に作りましょうと話しました。その1つの成果として、我々もサポートしてきた今治東高校が、全国高校サッカー選手権の愛媛県大会で初の優勝を果たしました。今治勢として初めて全国大会に出場することになります。

　そして、その頂点にいるFC今治のトップチームが面白いサッカーをして強くなったら、今治でサッカーをやりたいという子どもたち、若者たちが、全国から集まってくるでしょう。岡田メソッドを勉強したいというコーチも集まってくる。アジアからも来るかもしれません。

　日本各地やアジアから来た子どもたちが、おじいちゃん、おばあちゃんだけになった家にホームステイし、おじいちゃん、おばあちゃんが、スポーツ選手の料理の勉強を始めたり、英会話を始めたりする。子どもたちがタブレットで、おじいちゃん、おばあちゃんの買い物を手伝ってあげたりする。気がついたら、人口16万人の今治が、妙にコスモポリタンで、活気にあふれた街にならないだろうか。

でも、サッカーだけで人が集まるといっても、せいぜい年に数十人。それではまったく人口減少を止めることはできません。それなら、人が集まる場所を作ればいい。
　J2に上がるときには1万人、J1に上がるときには1万5千人収容のスタジアムが必要です。それを、いろいろな施設を入れた複合型スマートスタジアムにして、サッカーの試合の開催日だけでなく、日常的に人が集まってくる場所を作るのです。そうやって交流人口が増えると、新たな産業が興り、定着人口も増えてくる。
　こうした構想を具体化させ、私が夢として語っていきました。
　最初は「ホラ」に近いような夢でしたが、語っているうちに人が集まってきてくれ、お金が集まってきたのです。
　そして、夢を語りつづけていたら、今治では絶対に無理だと言われた5000人収容のスタジアムが完成し、絶対に満員にはできないと言われていたオープニングゲームで、5000人を超えるお客様に来ていただくことができたのです。感激でした。

4年かかったメソッドづくり

　一方、メソッドのほうはと言うと、まずバルセロナに飛んで、ジョアンの個人会社とアドバイザー契約を交わしました。ジョアン自身はバルセロナの仕事を離れられないので、息子のフェランが何度か今治に来たり、ジョアンがスカイプを使ったりして、バルセロナのプレーモデルを説明してくれました。

　当時、私は今治で大きめの一戸建てを借り、トップチーム監督の吉武博文さんや渡辺隆正育成コーチなどとシェアして一緒に住んでいました。岡田ハウスと呼ばれ、サッカー関係者はもとより、社員やいろいろな人がしょっちゅう溜まっていました。
　ジョアンやフェランからのアドバイスをもとに、吉武監督、高司裕也GM、眞藤邦彦アドバイザー、大木武アドバイザーと議論を交わしていました。周囲では、この4人と私を入れて、漫画のワンピースに出くる五老星にかけて「メソッドの五老星」などと呼んでい

ました。渡辺隆正を筆頭に、コーチたちも岡田ハウスに夜な夜な集まってきたのです。このメンバーがいなかったら、メソッドは絶対に完成できなかったと断言できます。

　1年をかけ、なんとなくFCバルセロナのパクリのようなものができましたが、どうも我々の中にストンと落ちてきませんでした。そして、みんながなんとなく気づきはじめました。
　FCバルセロナのプレーモデルを本当に理解するには、カタルーニャの歴史や文化を理解しなければ難しいと。バルセロナの人たちは、サッカーにとって何が合理的かよりも、どういうやり方をすれば、自分たちのプライドを保てるか、たとえ勝てなくても、マドリードと同じサッカーはやらない、という気概を持っています。
　バルセロナにあるピカソ美術館に「ゲルニカ」という、スペイン内戦を表現した生々しい絵があります。カタルーニャ人には、この絵に表されている怨念のようなものが流れているのでしょう。そうした歴史の積み重ねを経て、FCバルセロナは「クラブ以上の存在」と言われるのだと思います。それがわからないと、FCバルセロナのプレーモデルを理解できないと感じました。

　それなら我々は、日本人としての歴史や文化に根づいたプレーモデルを作ろうと、1からやり直しました。その後も、ほぼできたと思って見直したら、まったく駄目だと気づき、すべて破棄してまた作り直したりして、一時は、これは永遠に完成しないのではないかとさえ思いました。

　そこに、すごい助っ人が現れました。
　橋川和晃グローバルディレクターが参加してくれるようになり、嘘のようにメソッドが整理されはじめました。我々五老星は言いたいことを言うばかりで、全然まとめられなかったのですが、橋川さんが横でじっと議論を聞いていて、「それは、こう言うことですよね」とまとめてくれるのです。それが見事に的を射ていて、我々もそれを見て頭が整理でき、次のステップに進めるという好循環が生

まれました。メソッド作りは、トントン拍子で進みました。
　結局、メソッドを作るのに、4年ほど費やしてしまいました。

　形になったメソッドは、FC今治や提携先の中国浙江緑城のコーチたちに落とし込み、PDCAサイクルを回してテストを繰り返してきました。
　メソッドを使いはじめてから、育成年代のチームが四国リーグに上がり、Jリーグの育成チームに勝つようになってきました。私が来た5年前には考えられないことでした。
　このメソッドで育った選手たちが、将来トップチームでプレーするようになるのが楽しみです。
　また、このメソッドを会得したコーチたちが、「守破離」の「破」「離」の域に達し、メソッドを超えた指導者になり、全国に、そして世界に広がっていってくれたら嬉しいかぎりです。いいコーチとメソッドがあれば、16万人の街でも強豪チームを作ることができると信じています。
　同時に、このメソッドは、未完のものだと思っています。あとに続くコーチたちがブラッシュアップしてくれることを祈るばかりです。

我々は未来に何を残すのか

　これからIoTやAIが発達して、ロールモデルのない、今まで人類が経験したことのない時代に入ります。椅子に座ったらセンサーが岡田武史だと感知し、いつもより右の背中が凝っていると勝手にマッサージを始める。AIスピーカーに毎日話しかけていると、自分自身のことを自分よりAIのほうがよくわかるようになるでしょう。
　『ホモ・デウス』という本に書いてあるように、AIに「AとBどちらと結婚したらいいと思う？」と問いかけると、AIが「あなたはAと結婚したいと思っているでしょう。でも、Aと結婚したら3年以内に別れる確率65％、Bと結婚したら10年もつ確率87％」と答えが返ってきます。

それが当たるのです。そうすると人間は主体的な判断を捨て去り、AIの言う通りに生きるようになるでしょう。まるで何も考えずにナビの言う通りの道を行くように。
　私はそのような時代が来ると、人類は人間性を取り戻そうとすると信じています。より便利に快適になることだけが人の幸せではない。何か困難を乗り越えたとき、人を助けて感謝されたとき、何かに没頭しているとき。それこそが人間性を感じられる瞬間です。そんな機会をスポーツは提供できる。だからこそ、スポーツには数字や効率では測れない価値（目に見えない資本）があります。それが我々の企業理念「心の豊かさを大切にする社会」につながっています。

　私は、高度成長期を含む、70年間も戦争のない最高の時代を生きさせていただきました。そして、自分の子どもたち、孫たちに、どういう社会を残そうとしているのか。累積された巨大な国家債務、破壊された自然環境、隣国との緊張関係。本当にこれでいいのか。
　私は、劇作家の倉本聰さんと北海道の富良野で「富良野自然塾」という環境教育プログラムをやらせていただいています。そのプログラムの1つに「46億年・地球の道」というものがあります。46億年の地球の歴史を460メートルに置き換え、我々インストラクターが460メートルを歩きながら説明していきます。46億年前、地球の大きさは今の10分の1でした。そこからドロドロに溶けたマグマオーシャンの時代、全球凍結でコチンコチンに凍っている時代、海の温度が45度のお風呂より熱い時代、そしてカンブリア紀で生物が華やかになって恐竜時代を経て、460メートルの最後の2センチでホモ・サピエンスが誕生します。
　「地球が危ない」とよく言いますが、地球は大丈夫です。人類はどうか。我々の時代はまだ大丈夫でしょうが、子どもたちや孫たちの時代は大変なことになるかもしれません。
　プログラムの最後に先生が石碑を作られます。そこにはネイティブアメリカン（インディアン）が今でも伝えている言葉が刻まれています。

「地球は子孫から借りているもの」

　地球はご先祖様から受け継いだものではなく、未来に生きる子どもたちから借りているもの。借りているものは傷つけたり汚したり壊してはいけない。こうネイティブインディアンは伝えつづけてきました。

　ところが文明人と言われる我々は「今日の株価、今年の経済」と、今のことしか考えていないかのようです。すべての生物は次世代に命をつなぐために生きています。人間だけが自分のためだけに生きているのでしょうか。

　子どもたちのためと考えると、いろいろな社会アジェンダの答えが見つかります。本書で紹介した岡田メソッドも、そんな想いの中から生まれた1つのトライです。

　最後になりましたが、たいして売れないだろう本の出版を引き受けてくださった英治出版のみなさんと編集担当の山下智也さん、私がなかなか原稿が書けずに遅れ気味のなかでも根気強くお付き合いくださった編集者の岩佐文夫さんに、心より感謝します。

2019年11月　岡田武史

● 著者

岡田武史（おかだ・たけし）

株式会社今治.夢スポーツ代表取締役会長。1956年大阪府生まれ。早稲田大学政治経済学部を卒業後、古河電気工業サッカー部（現ジェフユナイテッド市原・千葉）に入団し、日本代表に選出。引退後は、日本代表監督（二度のW杯出場）、コンサドーレ札幌監督（J2優勝）、横浜F・マリノス監督（J1二連覇）、中国スーパーリーグの杭州緑城監督を歴任。2014年に、FC今治オーナー就任。AFC（アジアサッカー連盟）最優秀監督、Jリーグ最優秀監督、日本サッカー殿堂入りなど受賞歴多数。デロイト トーマツ コンサルティング合同会社特任上級顧問、日本エンタープライズ株式会社社外取締役、日本サッカー協会シニア・アドバイザー。

● 執筆協力

橋川和晃（はしかわ・かずあき）

FC今治グローバルグループ長。1971年佐賀県生まれ。筑波大学大学院卒業。日本サッカー協会（JFA）公認S級。アビスパ福岡監督（U12、U15、U18）、アビスパ福岡アカデミーダイレクター、JFAナショナルトレセンコーチ、JFA九州ユースダイレクター、中国浙江緑城テクニカルアドバイザーを歴任。2006年よりJFA指導者ライセンス講習会に関わり、A級U12、B級、C級の各コースを担当。2016年より現職。

岡田メソッド──自立する選手、自律する組織をつくる 16歳までのサッカー指導体系

2019年12月17日　第1版　第1刷
2025年　4月14日　第1版　第7刷

著者	岡田武史（おかだ・たけし）
発行人	高野達成
発行	英治出版株式会社
	〒150-0022　東京都渋谷区恵比寿南1-9-12ピトレスクビル4F
	電話　03-5773-0193　　FAX　03-5773-0194
	www.eijipress.co.jp
プロデューサー	山下智也
スタッフ	原田英治　藤竹賢一郎　鈴木美穂　下田理　田中三枝
	平野貴裕　上村悠也　桑江リリー　石﨑優木
	渡邉吏佐子　中西さおり　齋藤さくら　荒金真美
	廣畑達也　佐々智佳子　太田英里　清水希来々
印刷・製本	中央精版印刷株式会社
装丁	中西要介、根津小春（STUDIO PT.）
執筆協力	橋川和晃
編集協力	岩佐文夫
校正	小林伸子
DTP	和田文夫（ガイア・オペレーションズ）、大西美穂

Copyright © 2019 Takeshi Okada
ISBN978-4-86276-291-7　C0075　Printed in Japan

本書の無断複写（コピー）は、著作権法上の例外を除き、著作権侵害となります。
乱丁・落丁本は着払いにてお送りください。お取り替えいたします。

● 英治出版からのお知らせ

本書に関するご意見・ご感想をE-mail（editor@eijipress.co.jp）で受け付けています。
また、英治出版ではメールマガジン、Webメディア、SNSで新刊情報や書籍に関する
記事、イベント情報などを配信しております。ぜひ一度、アクセスしてみてください。

メールマガジン	： 会員登録はホームページにて
Webメディア「英治出版オンライン」	： eijionline.com
X / Facebook / Instagram	： eijipress